Bodas de sangre

Καὶ νέους θάρσυνε· νίκης δ' ἐν θεοῖσι πείρατα.
ΑΡΧΙΛΟΧΟΣ
ΕΛΕΓΕΙΑ, ΤΕΤΡΑΜΕΤΡΑ (57 D)

Anima tú a los jóvenes: a los dioses les toca determinar el triunfo.
ARQUÍLOCO
Elegías, tetrámetros (57 D)

CÁTEDRA BASE

Bodas de sangre

Federico García Lorca

Edición de José Ricart

CÁTEDRA

Colección dirigida por José Mas y M.ª Teresa Mateu

1.ª edición: marzo de 2024

Diseño y cubierta: M. A. Pacheco y J. Serrano
Ilustración de cubierta: Willem Claesz. Heda, *Bodegón con pastel de frutas y diversos objetos* (1634), detalle

Valentín Beato, 21. 28037 Madrid

ISBN: 978-84-376-4741-8
Depósito legal: M. 2.738-2024
Impreso en España - Printed in Spain

PAPEL DE FIBRA CERTIFICADA

ÍNDICE

INTRODUCCIÓN

Un teatro en crisis

En primer lugar, hay que constatar una falta de originalidad en la que se repiten tramas y autores. Benavente, Quintero, Jardiel Poncela y Pemán monopolizan la escena con una producción muy prolífica. Sus obras se caracterizan por una escritura rápida con diálogos fáciles y finales felices, que aseguran una buena taquilla, pero muy alejadas de las innovaciones europeas, como el metateatro de Pirandello, el compromiso político de Brecht, la crueldad de Artaud, el absurdo de Ionesco, etc.

En segundo lugar, muchos críticos recriminan desde la sociología literaria la ausencia de una formación profesional, a modo de escuela. La mayoría de los actores son autodidactas y basan su técnica en la imitación de los más veteranos y en las tablas que ofrece la experiencia. En esta misma línea, la figura del director no existe como tal, y en su defecto viene desempeñada por el primer actor o el mismo autor. Esta falta de profesionalidad explica que con frecuencia se eliminen actos, se reescriban textos o, en el peor de los casos, se creen papeles *ex profeso* para lucimiento de alguna estrella. Del mismo modo, no se puede hablar de una crítica especializada, ya que esta recae en escritores del mismo gremio que se dejan llevar por afinidades o desavenencias personales.

A todo esto hay que añadir algunos problemas que agravan aún más la situación, entre otros, unos recursos escenográficos desfasados en iluminación, *atrezzo* y tramoya; o la competencia desleal con la revista, la zarzuela y el cine, con los que comparte el mismo espacio.

Ante este panorama surgieron varios proyectos que intentaron incentivar e innovar en el teatro. A nivel institucional, en los años treinta se propuso fundar un teatro nacional, como en otros países, para profesionalizar la formación actoral, pero que no prosperó por el estallido de la guerra. Asimismo, se organizaron las Misiones Pedagógicas con el objetivo de difundir el arte, la cultura y el teatro por los pueblos de España. Por esta razón, se crearon pequeñas compañías alternativas a los circuitos comerciales, grupos formados por estudiantes y aficionados como El Mirlo Blanco, El Caracol, El Búho de Max Aub o La Barraca de Lorca.

Entre la tradición y la innovación

A diferencia de la poesía o de la novela, el teatro está determinado por muchos elementos extraliterarios que lo singularizan: la idiosincrasia de la época, la inversión del empresario, el trabajo en equipo, los gustos del público, etc. A tenor de estos factores: podemos distinguir dos corrientes:

1.º Teatro continuista: Heredero directo de la tradición decimonónica, busca el puro entretenimiento sin más pretensiones. «Comedias de salón» de una cuidada puesta en escena, con un estilo impecable, personajes planos y una temática «amable» que no incomode ni al poder ni al público. Su máximo exponente es el olvidado premio nobel, José Echegaray. En esta misma línea, hay que reseñar el sainete, teatro cómico dirigido a clases más populares y protagonizado por arquetipos del folklore andaluz o madrileño. Maestros de este subgénero fueron Carlos Arniches, los hermanos Quintero o Pedro Muñoz Seca, autor de *La venganza de don Mendo,* una de las piezas más famosas y más representadas.

2.º Teatro innovador: Este pretende incorporar algunas novedades de las vanguardias europeas, una renovación hacia temas más actuales o la difusión del método Stanislavski para una interpretación menos retórica. En esta tendencia nos fijaremos en Jacinto Benavente, escritor de gran éxito en su época, que modernizó la «comedia de salón» a través del ingenio, la ironía y el humor. Sus obras se caracterizan por el realismo y la naturalidad. En sus tramas se atrevió a abordar ciertos tabúes, como el incesto en *La malquerida* o en ridiculizar los ideales burgueses en *Los intereses creados.*

Por otro lado, Valle Inclán es, sin duda alguna, la figura más controvertida e iconoclasta no solo en la temática, sino en el estilo. Su principal aportación es el esperpento, una técnica basada en la deformación absurda de la realidad, influida por el expresionismo europeo y con raíces en Quevedo o en Goya. Muestras de ello son *Luces de bohemia* o *Martes de carnaval,* donde incorpora tipos marginales, reducidos a peleles y máscaras grotescas para remarcar el sinsentido de la vida.

Para concluir, nos centraremos en García Lorca, el escritor con mayor proyección internacional y una de las figuras más destacadas no solo por sus poemas sino por su teatro.

Nací en Fuentevaqueros

Poeta y dramaturgo granadino (Fuentevaqueros 1899-Víznar 1936). Su infancia transcurrió en un ambiente rural, donde ya destacó por su gran sensibilidad y creatividad (tocaba el piano, dibujaba). Estudió en Granada Filosofía y se licenció en Derecho, aunque nunca ejerció. En 1919 se trasladó a la Residencia de Estudiantes en Madrid, donde conoce a otros poetas de la generación del 27, como Alberti, a pintores, como Dalí, o, cineastas, como Luis Buñuel.

Tras una grave depresión, disfruta de una beca en EE. UU. Fruto de su estancia escribirá *Poeta en Nueva York,* un libro en el que retrata la deshumanización y la angustia de la gran urbe. En esta etapa conviven su faceta de conferenciante, poeta y director; en sus últimos años destacará como dramaturgo con los títulos más conocidos: *Bodas de sangre, Yerma* y *La casa de Bernarda Alba.*

Después del alzamiento del bando nacional fue detenido y acusado por ser espía de los comunistas; por haber sido secretario de un líder socialista y por su reconocida homosexualidad. Fue fusilado en el barranco de Víznar y, lamentablemente, hasta el día de hoy no se han podido recuperar sus restos.

El teatro lorquiano

1.° Crítica al estancamiento y convencionalismo del teatro burgués. De igual forma, censura la falta de inquietudes y el mal gusto del público. Por esta razón, su trayectoria es una constante búsqueda de un estilo propio cada vez más depurado, desde los inicios con farsas y dramas hasta la tragedia.

2.° Mezcla del teatro clásico y barroco. En su deseo de innovación, apreciamos fusionados rasgos de la dramaturgia griega (catarsis, coros, catástrofes) con elementos del teatro del Siglo de Oro (cantos de labradores en Lope de Vega o alegorías de la muerte en Calderón).

3.° Espectáculo total. El teatro no solo está hecho de palabras, sino de poesía, música, danza. Hay un intento de fusionar todas las artes y de optimizar los recursos escénicos: entonación, movimiento, iluminación o decorados, algunos diseñados por su amigo Dalí.

4.° Divulgación del teatro clásico entre las clases populares y sobre todo en zonas alejadas de las grandes capitales. Con esta premisa, pequeñas compañías itinerantes trasladarán «el latido social, el latido histórico, el color del paisaje de su espíritu, el drama de las gentes».

5.° Reivindicación de la tragedia. Se insiste en la necesidad de recuperar un teatro humano que refleje los dramas de la vida cotidiana, a manera de revulsivo contra la frivolidad de la comedia. «Hay que volver a la tragedia. Nos obliga a ello la tradición de nuestro teatro dramático. Tiempo habrá de hacer comedias, farsas».

Clasificación de su obra

Su dramaturgia se reduce a una docena de títulos, pero con una rica variedad de manifestaciones y motivos. De forma didáctica podemos diferenciar:

a) Farsas y teatro de títeres, escritas en sus inicios; destacan *La zapatera prodigiosa* y *El amor de don Perlimplín* con una escasa repercusión tras un fracaso comercial.

b) Comedias experimentales de difícil representación, más indicadas para la lectura y la reflexión. En ellas incorpora innovaciones del surrealismo para plantear temas como la homosexualidad en *El público.*

c) Dramas históricos basados en el pasado de Granada, compuestos en verso, por ejemplo *Mariana Pineda,* un personaje del XIX convertido en heroína del amor.

d) Tragedias andaluzas, las más reconocibles y las que le han dado mayor fama.

Tragedias andaluzas

García Lorca recupera un género antiguo y anticuado en nuestros días. Las causas de su progresiva decadencia derivan, entre otras, primero, por el éxito del melodrama y la comedia, más afín a la burguesía; segundo, por la hegemonía de la novela, con un lenguaje y un estilo sencillo, opuesto al tono enfático de la tragedia; por último, el positivismo de una sociedad tecnológica y científica, que ya no cree ni en el destino ni en los dioses.

La originalidad radica en la forma de actualizar el género, en la que se destaca la temática y se abandona los preceptos aristotélicos que la encorsetaban (unidad de tiempo y lugar, pero no de acción). En primer lugar, rompe con el decoro de sus personajes, que antes estaba supeditado a su condición social. En segundo lugar, nos acerca la trama al campo andaluz, un espacio invariable a lo largo de los siglos, conectado a la tierra y a las fuerzas de la naturaleza, y, por lo tanto, más proclive a supersticiones y creencias.

La crítica suele agrupar *Bodas de sangre, Yerma* y *La casa de Bernarda Alba* en una trilogía de tragedias. Sin embargo, esto no es del todo cierto, ya que esta última es un «drama de mujeres en los pueblos de España» en prosa; y en una ambientación en blanco y negro, casi neorrealista. De cualquier manera, las tres comparten la última etapa de su vida, su querida Andalucía, el protagonismo de la mujer y un desenlace mortal. En concreto, *Yerma* plantea la esterilidad y *La casa de Bernarda Alba,* el autoritarismo y la represión del amor.

Bodas de sangre

El viejo tópico de «la realidad a veces supera la ficción» puede aplicarse sin duda alguna a esta obra. Para su génesis, Lorca se inspiró en la noticia del crimen de Níjar en Almería en 1928, aparecida en un diario donde relataba el fatídico enlace entre Francisca y Casimiro, los verdaderos nombres de los protagonistas. A partir de ahí *mutatis mutandi* esbozó la trama, y cinco años después se estrenó en Madrid.

El título aúna dos términos antagónicos. El primero asociado a la dicha, y un segundo que designa la tragedia. De esta manera, resume de forma violenta el destino de la joven pareja. El espectador / lector ya conoce de antemano el final. El autor deja de lado la intriga para priorizar los conflictos internos.

La pieza está dividida en tres actos, bloques temporales extensos que marcan el hilo argumental (planteamiento, nudo y desenlace), delimitados con la bajada del telón o de las luces. Estos se distribuyen en cuadros, identificados en cambios de espacio. Y a su vez estos se disponen en escenas, o unidades mínimas, marcadas por la entrada o salida de un personaje, aunque aquí, a diferencia de otras, no se especifican, sino que forman un todo continuo igual que la vida.

El primer acto comprende el planteamiento y la presentación de los protagonistas desde tres espacios distantes y distintivos (la casa de la madre, la de Leonardo y la de la novia) y concluye con la petición de mano. El segundo lo ocupa el nudo: la boda y la huida. Y el tercero, los crímenes y las consecuencias. La ambientación costumbrista de los dos primeros se trasforma en un espacio fantasmagórico donde intervienen la luna y la mendiga, para después del sacrificio volver al mundo cotidiano. Por consiguiente, se refuerza una estructura circular cerrada: la acción se inicia y termina en la casa de la madre, al mismo tiempo que los augurios del principio se confirman en las últimas páginas.

Destino, amor y muerte

1.º El destino. Las familias arrastran la culpa de sus antepasados, como una maldición que se trasmite por la sangre. Son a la vez víctimas y verdugos sin ninguna escapatoria. Ni Leonardo puede controlar su caballo ni la novia su pasión amorosa. Al novio le espera el mismo destino que a su padre y su hermano.

2.º La muerte aparece de forma obsesiva en toda su producción. Desde el principio podemos rastrear presagios que funcionan como catáforas de un futuro funesto: el cuchillo, el color blanco o las alusiones a las parcas.

3.º El amor. La novia deberá decidir entre el amor conyugal, sereno y protector, o la pasión loca de Leonardo, que cuestiona la moral y quiebra las convenciones sociales.

4.º La honra, la buena opinión, era uno de los temas principales ya desde el Siglo de Oro. La pareja tendrá que restablecer la honra perdida: el novio vengando la afrenta de Leandro y el asesinato de sus familiares; la novia (de)mostrando ante todos su pureza.

5.º La mujer es un motivo recurrente y esencial en todas sus creaciones. Gran conocedor de la psique femenina, el autor se focaliza en la opresión social que soportan las mujeres en las zonas rurales a través de una serie de convenciones que impiden su autorrealización. De ahí su preferencia por personajes fuertes, con carácter, que buscan su libertad igual que las grandes heroínas.

6.º La naturaleza, el paisaje, es algo más que un telón de fondo decorativo. A pesar de las mínimas acotaciones, resulta omnipresente la tierra y las fuerzas telúricas. No es casual el campo agreste, una topografía dura y áspera, la cueva donde vive la novia o elementos del entorno que se convierten en actantes: la luna delata a los fugitivos, mientras que el río y el viento amordazan los gritos de los moribundos.

7.º Otros. El odio, la frustración, la venganza, la soledad, la maledicencia, el machismo, etc.

Dramatis personae

Una simple ojeada al reparto nos dará una idea de la relevancia de los papeles femeninos. La mujer aparece sometida a un heteropatriarcado que perpetúa en el tiempo comportamientos y estereotipos. Ante estas injusticias, Lorca cederá su voz y alzará su denuncia ante el silencio cómplice de la sociedad. Para ello, explorará los condicionantes, las pasiones reprimidas, las contradicciones, los conflictos, etcétera. Este pormenorizado análisis se contrapone a la ausencia de descripciones físicas, hasta el extremo de carecer de nombre y de ser designados por la relación social que desempeñan (madre, vecina, novia). Este hecho, que en un principio podría parecer despersonalizador, a la postre se convierte en un recurso que les confiere un mayor alcance y universalidad.

La madre: es un personaje capital con el que se abre y cierra el telón. Además, servirá de matriz para próximos papeles, como Bernarda. Es una mujer paciente ante la adversidad, pero angustiada por el pasado y por el miedo a perder a su único hijo (de ahí su manifiesta fobia por las armas blancas). De firme carácter, acepta con resignación las decisiones de su hijo (casarse y llevar navaja) en favor de su felicidad. Representa el saber popular y la fidelidad a la tierra, ya que vive en íntima comunión con los muertos a través del odio y del recuerdo.

La novia: es una joven de veintidós años, trabajadora, fuerte, discreta, pero también impulsiva y pasional. Se casa, quizá por orgullo, para olvidar un amor imposible. Se siente incómoda e incomprendida, ya que oculta a la vista de todos su verdadero deseo.

El novio: es un joven subordinado a la figura materna. Encarna la antítesis de Leonardo, es trabajador y tranquilo. Con la novia siempre se muestra educado y respetuoso, aunque también confiado y hasta ingenuo. No obstante, al final, instigado por la madre, se encargará de ejecutar la venganza.

Leonardo: es el único personaje con nombre propio y con una etimología intencionada, pues hace referencia al felino, que representa la pasión y acecha a su presa. Se trata de un hombre atormentado que arrastra los crímenes de sus antepasados. Es violento, egoísta y despegado de su familia. Muchas veces se le describe como «agrio» y «serio». Experimenta la misma contradicción que la novia, entre la pasión enajenada y el amor marital. Se presenta siempre ligado a su caballo, otro símbolo sexual de virilidad. En resumen, es el antagonista de la madre, puesto que le arrebatará la última esperanza de mantener vivo a su vástago y de perpetuar su descendencia.

Personajes simbólicos: la mendiga va descalza y cubierta por paños verdes y está impaciente por cumplir con su cometido. Es una alegoría de la muerte. En esta sección también incluiríamos a la luna, que delata a los amantes huidos, o el coro de leñadores, que intercede y pide clemencia.

Espacio, tiempo y lejanía

De la misma manera que los personajes carecen de nombre, los ejes espaciotemporales tampoco se especifican, de tal manera que la tragedia adquiere, como antes hemos señalado, una dimensión universal. No obstante, sabemos que la acción se ubica en un espacio rural, primitivo, fuera de la civilización, aislada en sus costumbres ancestrales y en un tiempo coetáneo al del autor, es decir, el primer tercio del siglo veinte, aunque, debido a la ausencia de indicios, podría desarrollarse en cualquier época anterior.

Los espacios que predominan son interiores y cerrados, igual que en *La casa de Bernarda Alba* quizá para acentuar esa claustrofobia social. De ellos, contamos con escasos y escuetos datos, a excepción del último cuadro en el bosque, en el que se subraya, los rasgos tenebrosos y espeluznantes de la escena.

En este punto conviene destacar un elemento sutil que muchas veces pasa desapercibido, y es la importancia de la lejanía. Todos los lugares parecen distantes entre sí: las casas de los novios están a cuatro horas, los invitados a la boda vienen de lugares remotos, o las voces en el bosque se oyen desde muy lejos. En pocas palabras, la distancia es un recurso más para transmitir de forma dramática la idea de incomunicación y de aislamiento en la que viven los personajes.

Versos, símbolos y acotaciones

La incorporación del verso dinamiza el ritmo del discurso con la alternancia de la prosa; concentra y subraya la emotividad. Reproduce el coro del teatro clásico y, en última instancia, dignifica formas de la tradición oral y popular, entre ellas la nana.

Por otra parte, el uso del verso se democratiza sin importar la condición social, a diferencia del teatro clásico, donde estaba solo reservado para personajes nobles o elevados. Por esta misma razón, aquí descubriremos casos de polimetría. Tal como defendía Lope de Vega, verso y estrofa se adecuan a cada situación o necesidad expresiva: endecasílabos blancos en la mendiga, octosílabos arromanzados en Leandro y la novia, etc.

Al igual que su poesía, su obra dramática desborda el caudal de los símbolos. De la flora destacaremos «azahar» (pureza), de herencia árabe; «adelfa» (muerte) o «clavel» (pasión masculina). En cuanto al campo cromático, la mayoría se asocian a la muerte y a otras significaciones como «blanco» (pureza), «amarillo» (vejez y desengaño), «verde» (frustración), «rojo» (pasión y vida) o «negro». Por último, sustantivos, «cuchillo», «navaja», los instrumentos rituales del sacrificio; y «luna» y «caballo», también negativos.

Las acotaciones son breves, casi taquigráficas, descriptivas, pero con una acentuada carga simbólica, a diferencia de las de Valle-Inclán, extensas y con una autonomía literaria. De esta manera, en el acto tercero son evidentes las muestras relativas a gestos e interacciones entre los personajes; a sonidos, música, iluminación y colores.«Bosque. Es de noche. Grandes troncos húmedos. Ambiente oscuro. Se oyen dos violines».

Estilo y lenguaje

a) Fusión de lo local (folklore andaluz, la vida agrícola, la cultura popular) y lo general (destino trágico, amor imposible, muerte).

b) Ambientación rural marcada por las faenas del campo en una época indeterminada.

c) Importancia de los personajes femeninos realistas y alegóricos.

d) Simbiosis equilibrada entre realismo y lirismo.

e) Mezcla de prosa y verso.

f) Diálogos rápidos y ágiles, registro coloquial con exclamaciones, sufijos apreciativos, pero sin dialectalismos ni refranes.

g) Recursos literarios (metáforas, comparaciones) y símbolos (flores, animales, agua).

h) Uso expresivo de elementos escenográficos (luces, vestuario, colores o música).

Se abre el telón

Su estreno en Madrid en 1933 obtuvo un éxito «discreto», aunque sí elogios de la crítica, de poetas de generación como Vicente Alexandre y de compañeros de oficio como Buero Vallejo y Alfonso Sastre. El verdadero reconocimiento se produjo en Buenos Aires y en Montevideo, pero, sobre todo, dos años después en Barcelona, a partir de la interpretación de la actriz Margarita Xirgú.

Por desgracia, la guerra civil y la dictadura opacaron el número de representaciones, al igual que el estudio crítico de sus obras. Habrá que esperar hasta la década de los ochenta, cuando se produce una meteórica recuperación y un renovado interés que sobrepasó nuestras fronteras. Basta recordar, por ejemplo, los aclamados montajes de Nuria Espert en Japón o en Reino Unido.

Bodas de sangre forma parte por derecho propio del imaginario popular y del patrimonio colectivo. Prueba de ello es la excelente acogida que aún hoy sigue despertando entre el público. Pero, por si esto fuera poco, *Bodas de sangre* ha servido de inspiración a otros artistas. Tanto es así que ha sido llevada a la ópera, al flamenco, de la mano de Camarón de la Isla, y al cine en dos ocasiones, una con Carlos Saura (1981) y otra más reciente: *La Novia* de Paula Ortiz (2015), que desde aquí recomendamos.

Mutis final

Después de cultivar casi todos los estilos, nuestro autor inicia aquí una nueva etapa, corta y truncada por su prematura muerte, pero de una calidad y significación que con los años se ha ido aquilatando. A estas alturas podemos afirmar que García Lorca es el padre de la tragedia moderna, y *Bodas de sangre*, la primera criatura de una trilogía de obras que comparten protagonistas femeninos, lirismo y un final amargo, como sucede en *Yerma* o *La casa de Bernarda Alba*.

Lorca restaura este género para trasladar a la escena los dramas de la vida cotidiana; es decir, lo adopta y lo adapta a su tiempo. Para ello, renuncia a los requisitos formales clásicos y actualiza la acción en su querida Andalucía sin caer en tópicos costumbristas ni idealizaciones románticas. Porque aquí no se cantan las gestas de los héroes ni de los dioses, sino que se nos cuentan los conflictos de sus víctimas. Sus protagonistas son reales de carne y hueso: mujeres atormentadas, anónimas, anodinas, pero con la misma dignidad moral que una Antígona o una Medea. Sus personajes se mueven por instintos primarios, por pasiones universales: una mezcla venenosa de venganza, odio y deseo... De esta manera, consigue así hacer partícipe al espectador de los sufrimientos e inducirlo a una catarsis individual y, asimismo, colectiva.

Como conclusión, García Lorca fue un innovador en su tiempo y lo sigue siendo en nuestra época. La originalidad de su teatro carece de antecedentes inmediatos. Para ello, habría que remontarse a los clásicos, una de sus fuentes preferidas. Sin embargo, ha dejado una huella indeleble en lo que algunos críticos han denominado «teatro de la palabra», una corriente dramática transversal, caracterizada por el exquisito cuidado de los diálogos, la sensibilidad lírica y la riqueza simbólica, que posteriormente influirá en autores hoy ya consagrados, como Alejandro Casona o Antonio Gala.

Bodas de sangre

PERSONAJES

La madre.
La novia.
La suegra.
La mujer de Leonardo.
La criada.
La vecina.
Muchachas.
Leonardo.
El novio.
El padre de la novia.
La Luna.
La muerte *(como mendiga)*.
Leñadores.
Mozos.

ACTO PRIMERO

Cuadro primero

Habitación pintada de amarillo

Novio. *(Entrando.)* Madre.
Madre. ¿Qué?
Novio. Me voy.
Madre. ¿Adónde?
Novio. A la viña. *(Va a salir.)*
Madre. Espera.
Novio. ¿Quiere algo?
Madre. Hijo, el almuerzo.
Novio. Déjelo. Comeré uvas. Deme la navaja.
Madre. ¿Para qué?
Novio. *(Riendo.)* Para cortarlas.
Madre. *(Entre dientes y buscándola.)* La navaja, la navaja... Maldita sean todas y el bribón que las inventó.
Novio. Vamos a otro asunto.
Madre. Y las escopetas y las pistolas y el cuchillo más pequeño, y hasta las azadas[1] y los bieldos[2] de la era.

---

[1] Herramienta agrícola.
[2] Rastrillo.

NOVIO. Bueno.

MADRE. Todo lo que puede cortar el cuerpo de un hombre. Un hombre hermoso, con su flor en la boca, que sale a las viñas o va a sus olivos propios, porque son de él, heredados...

NOVIO. *(Bajando la cabeza.)* Calle usted.

MADRE. ... y ese hombre no vuelve. O si vuelve es para ponerle una palma encima o un plato de sal gorda para que no se hinche. No sé cómo te atreves a llevar una navaja en tu cuerpo, ni cómo yo dejo a la serpiente dentro del arcón.

NOVIO. ¿Está bueno ya?

MADRE. Cien años que yo viviera, no hablaría de otra cosa. Primero tu padre; que me olía a clavel y lo disfruté tres años escasos. Luego tu hermano. ¿Y es justo y puede ser que cosa pequeña como una pistola o una navaja pueda acabar con un hombre, que es un toro? No callaría nunca. Pasan los meses y la desesperación me pica en los ojos y hasta en las puntas del pelo.

NOVIO. *(Fuerte.)* ¿Vamos a acabar?

MADRE. No. No vamos a acabar. ¿Me puede alguien traer a tu padre? ¿Y a tu hermano? Y luego el presidio. ¿Qué es el presidio? ¡Allí comen, allí fuman, allí tocan los instrumentos! Mis muertos llenos de hierba, sin hablar, hechos polvo; dos hombres que eran dos geranios... Los matadores, en presidio, frescos, viendo los montes...

NOVIO. ¿Es que quiere usted que los mate?

MADRE. No... Si hablo es porque... ¿Cómo no voy a hablar viéndote salir por esa puerta? Es que no me gusta que lleves navaja. Es que..., que no quisiera que salieras al campo.

NOVIO. *(Riendo.)* ¡Vamos!

MADRE. Que me gustaría que fueras una mujer. No te irías al arroyo ahora y bordaríamos las dos cenefas y perritos de lana.

NOVIO. *(Coge de un brazo a la* MADRE *y ríe.)* Madre, ¿y si yo la llevara conmigo a las viñas?

MADRE. ¿Qué hace en las viñas una vieja? ¿Me ibas a meter debajo de los pámpanos[3]?

NOVIO. *(Levántandola en sus brazos.)* Vieja, revieja, requetevieja.

MADRE. Tu padre sí que me llevaba. Eso es buena casta[4]. Sangre. Tu abuelo dejó un hijo en cada esquina. Eso me gusta. Los hombres, hombres; el trigo, trigo.

NOVIO. ¿Y yo, madre?

MADRE. ¿Tú, qué?

NOVIO. ¿Necesito decírselo otra vez?

MADRE. *(Seria.)* ¡Ah!

NOVIO. ¿Es que le hace mal?

MADRE. No.

NOVIO. ¿Entonces?

MADRE. No lo sé yo misma. Así, de pronto, siempre me sorprende. Yo sé que la muchacha es buena. ¿Verdad que sí? Modosa. Trabajadora. Amasa su pan y cose sus faldas, y siento, sin embargo, cuando la nombro, como si me dieran una pedrada en la frente.

NOVIO. Tonterías.

MADRE. Más que tonterías. Es que me quedo sola. Ya no me quedas más que tú y siento que te vayas.

NOVIO. Pero usted vendrá con nosotros.

MADRE. No. Yo no puedo dejar aquí solos a tu padre y a tu hermano. Tengo que ir todas las mañanas, y si me voy es fácil que muera uno de los Félix, uno de familia de los matadores, y lo entierren al lado. ¡Y eso sí que no! ¡Ca![5] ¡Eso sí que no! Porque con las uñas los desentierro y yo sola los machaco contra la tapia.

---

3 Hoja o brote de la vid.

4 Familia, linaje.

5 Expresión coloquial de negación o incredulidad.

Novio. *(Fuerte.)* Vuelta otra vez.

Madre. Perdóname. *(Pausa.)* ¿Cuánto tiempo llevas en relaciones?

Novio. Tres años. Ya pude comprar la viña.

Madre. Tres años. ¿Ella tuvo un novio, no?

Novio. No sé. Creo que no. Las muchachas tienen que mirar con quién se casan.

Madre. Sí. Yo no miré a nadie. Miré a tu padre, y cuando lo mataron miré a la pared de enfrente. Una mujer con un hombre, y ya está.

Novio. Usted sabe que mi novia es buena.

Madre. No lo dudo. De todos modos, siento no saber cómo fue su madre.

Novio. ¿Qué más da?

Madre. *(Mirándolo.)* Hijo.

Novio. ¿Qué quiere usted?

Madre. ¡Que es verdad! ¡Que tienes razón! ¿Cuándo quieres que la pida?

Novio. *(Alegre.)* ¿Le parece bien el domingo?

Madre. *(Seria.)* Le llevaré los pendientes de azófar[6], que son antiguos, y tú le compras...

Novio. Usted entiende más...

Madre. Le compras unas medias caladas, y para ti dos trajes... ¡Tres! ¡No te tengo más que a ti!

Novio. Me voy. Mañana iré a verla.

Madre. Sí, sí, y a ver si me alegras con seis nietos, o los que te dé la gana, ya que tu padre no tuvo lugar de hacérmelos a mí.

Novio. El primero para usted.

Madre. Sí, pero que haya niñas. Que yo quiero bordar y hacer encaje y estar tranquila.

Novio. Estoy seguro de que usted querrá a mi novia.

---

[6] Latón.

MADRE. La querré. *(Se dirige a besarlo y reacciona.)* Anda, ya estás muy grande para besos. Se los das a tu mujer. *(Pausa. Aparte.)* Cuando lo sea.

NOVIO. Me voy.

MADRE. Que caves bien la parte del molinillo, que la tienes descuidada.

NOVIO. ¡Lo dicho!

MADRE. Anda con Dios. *(Vase el* NOVIO. *La* MADRE *queda sentada de espaldas a la puerta. Aparece en la puerta una* VECINA *vestida de color oscuro, con pañuelo a la cabeza.)* Pasa.

VECINA. ¿Cómo estás?

MADRE. Ya ves.

VECINA. Yo bajé a la tienda y vine a verte. ¡Vivimos tan lejos!

MADRE. Hace veinte años que no he subido a lo alto de la calle.

VECINA. Tú estás bien.

MADRE. ¿Lo crees?

VECINA. Las cosas pasan. Hace dos días trajeron al hijo de mi vecina con los dos brazos cortados por la máquina. *(Se sienta).*

MADRE. ¿A Rafael?

VECINA. Sí. Y allí lo tienes. Muchas veces pienso que tu hijo y el mío están mejor donde están, dormidos, descansando, que no expuestos a quedarse inútiles.

MADRE. Calla. Todo eso son invenciones, pero no consuelos.

VECINA. ¡Ay!

MADRE. ¡Ay! *(Pausa.)*

VECINA. *(Triste.)* ¿Y tu hijo?

MADRE. Salió.

VECINA. ¡Al fin compró la viña!

MADRE. Tuvo suerte.

VECINA. Ahora se casará.

MADRE. *(Como despertando y acercando su silla a la silla de la* VECINA.) Oye.

Vecina. *(En plan confidencial.)* Dime.

Madre. ¿Tú conoces a la novia de mi hijo?

Vecina. ¡Buena muchacha!

Madre. Sí, pero...

Vecina. Pero quien la conozca a fondo no hay nadie. Vive sola con su padre, allí, tan lejos, a diez leguas[7] de la casa más cerca. Pero es buena. Acostumbrada a la soledad.

Madre. ¿Y su madre?

Vecina. A su madre la conocí. Hermosa. Le relucía la cara como a un santo; pero a mí no me gustó nunca. No quería a su marido.

Madre. *(Fuerte.)* Pero ¡cuántas cosas sabéis de las gentes!

Vecina. Perdona. No quise ofender; pero es verdad. Ahora, si fue decente o no, nadie lo dijo. De esto no se ha hablado. Ella era orgullosa.

Madre. ¡Siempre igual!

Vecina. Tú me preguntaste.

Madre. Es que quisiera que ni a la viva ni a la muerta las conociera nadie. Que fueran como dos cardos[8], que ninguna persona les nombra y pinchan si llega el momento.

Vecina. Tienes razón. Tu hijo vale mucho.

Madre. Vale. Por eso lo cuido. A mí me habían dicho que la muchacha tuvo novio hace tiempo.

Vecina. Tendría ella quince años. Él se casó ya hace dos años, con una prima de ella, por cierto. Nadie se acuerda del noviazgo.

Madre. ¿Cómo te acuerdas tú?

Vecina. ¡Me haces unas preguntas!

---

[7] Medida de distancia aproximadamente de 5,5 km.

[8] Planta espinosa.

MADRE. A cada uno le gusta enterarse de lo que le duele. ¿Quién fue el novio?
VECINA. Leonardo.
MADRE. ¿Qué Leonardo?
VECINA. Leonardo el de los Félix.
MADRE. *(Levantándose.)* ¡De los Félix!
VECINA. Mujer, ¿qué culpa tiene Leonardo de nada? Él tenía ocho años cuando las cuestiones.
MADRE. Es verdad... Pero oigo eso de Félix y es lo mismo *(entre dientes)* Félix que llenárseme de cieno[9] la boca *(escupe)* y tengo que escupir, tengo que escupir por no matar.
VECINA. Repórtate; ¿qué sacas con esto?
MADRE. Nada. Pero tú lo comprendes.
VECINA. No te opongas a la felicidad de tu hijo. No le digas nada. Tú estás vieja. Yo también. A ti y a mí nos toca callar.
MADRE. No le diré nada.
VECINA. *(Besándola.)* Nada.
MADRE. *(Serena.)* ¡Las cosas!...
VECINA. Me voy, que pronto llegará mi gente del campo.
MADRE. ¿Has visto qué día de calor?
VECINA. Iban negros los chiquillos que llevan el agua a los segadores. Adiós, mujer.
MADRE. Adiós.

(La MADRE *se dirige a la puerta de la izquierda. En medio del camino se detiene y lentamente se santigua.)*

[9] Barro, lodo.

TELÓN

Cuadro segundo

Habitación pintada de rosa con cobres[10] *y ramos de flores populares. En el centro, una mesa con mantel. Es la mañana.*

(SUEGRA *de* LEONARDO *con un niño en brazos. Lo mece. La* MUJER *en la otra esquina, hace punto de media.)*

SUEGRA.
Nana, niño, nana
del caballo grande
que no quiso el agua.
El agua era negra
dentro de las ramas.
Cuando llega al puente
se detiene y canta.
¿Quién dirá, mi niño,
lo que tiene el agua,
con su larga cola
por su verde sala?
MUJER. *(Bajo.)*
Duérmete, clavel,
que el caballo no quiere beber.
SUEGRA.
Duérmete, rosal,
que el caballo se pone a llorar.

---

[10] En el texto, metonimia de cacharros de cocina.

Las patas heridas,
las crines[11] heladas,
dentro de los ojos
un puñal de plata.
Bajaban al río.
¡Ay, cómo bajaban!
La sangre corría
más fuerte que el agua.

MUJER.
Duérmete, clavel,
que el caballo no quiere beber.

SUEGRA.
Duérmete, rosal,
que el caballo se pone a llorar.

MUJER.
No quiso tocar
la orilla mojada
su belfo[12] caliente
con moscas de plata.
A los montes duros
solo relinchaba
con el río muerto
sobre la garganta.
¡Ay caballo grande
que no quiso el agua!
¡Ay dolor de nieve,
caballo del alba!

SUEGRA.
¡No vengas! Detente,

[11] Pelo de caballo.
[12] Labio.

cierra la ventana
con ramas de sueños
y sueño de ramas.
MUJER.
Mi niño se duerme.
SUEGRA.
Mi niño se calla.
MUJER.
Caballo, mi niño
tiene una almohada.
SUEGRA.
Su cuna de acero.
MUJER.
Su colcha de holanda.
SUEGRA.
Nana, niño, nana.
MUJER.
¡Ay caballo grande
que no quiso el agua!
SUEGRA.
¡No vengas, no entres!
Vete a la montaña.
Por los valles grises
donde está la jaca[13].
MUJER. *(Mirando.)*
Mi niño se duerme.
SUEGRA.
Mi niño descansa.
MUJER. *(Bajito.)*
Duérmete, clavel,

[13] Yegua.

que el caballo no quiere beber.
SUEGRA. *(Levantándose y muy bajito.)*
Duérmete, rosal,
que el caballo se pone a llorar.

(Entran al niño. Entra LEONARDO.)

LEONARDO. ¿Y el niño?
MUJER. Se durmió.
LEONARDO. Ayer no estuvo bien. Lloró por la noche.
MUJER. *(Alegre.)* Hoy está como una dalia[14]. ¿Y tú? ¿Fuiste a casa del herrador?
LEONARDO. De allí vengo. ¿Querrás creer? Llevo más de dos meses poniendo herraduras nuevas al caballo y siempre se le caen. Por lo visto se las arranca con las piedras.
MUJER. ¿Y no será que lo usas mucho?
LEONARDO. No. Casi no lo utilizo.
MUJER. Ayer me dijeron las vecinas que te habían visto al límite de los llanos.
LEONARDO. ¿Quién lo dijo?
MUJER. Las mujeres que cogen las alcaparras[15]. Por cierto que me sorprendió. ¿Eras tú?
LEONARDO. No. ¿Qué iba a hacer yo allí, en aquel secano?
MUJER. Eso dije. Pero el caballo estaba reventado de sudar.
LEONARDO. ¿Lo viste tú?
MUJER. No. Mi madre.
LEONARDO. ¿Está con el niño?
MUJER. Sí. ¿Quieres un refresco de limón?

---

14 Flor.
15 Planta cuyas flores se utilizan como aperitivo.

LEONARDO. Con el agua bien fría.

MUJER. ¿Cómo no viniste a comer?...

LEONARDO. Estuve con los medidores del trigo. Siempre entretienen.

MUJER. *(Haciendo el refresco y muy tierna.)* ¿Y lo pagan a buen precio?

LEONARDO. El justo.

MUJER. Me hace falta un vestido y al niño una gorra con lazos.

LEONARDO. *(Levántandose.)* Voy a verlo.

MUJER. Ten cuidado, que está dormido.

SUEGRA. *(Saliendo.)* Pero ¿quién da esas carreras al caballo? Está abajo tendido, con los ojos desorbitados como si llegara del fin del mundo.

LEONARDO. *(Agrio.)* Yo.

SUEGRA. Perdona; tuyo es.

MUJER. *(Tímida.)* Estuvo con los medidores del trigo.

SUEGRA. Por mí, que reviente. *(Se sienta. Pausa.)*

MUJER. El refresco. ¿Está frío?

LEONARDO. Sí.

MUJER. ¿Sabes que piden a mi prima?

LEONARDO. ¿Cuándo?

MUJER. Mañana. La boda será dentro de un mes. Espero que vendrán a invitarnos.

LEONARDO. *(Serio.)* No sé.

SUEGRA. La madre de él creo que no estaba muy satisfecha con el casamiento.

LEONARDO. Y quizá tenga razón. Ella es de cuidado.

MUJER. No me gusta que penséis mal de una buena muchacha.

SUEGRA. Pero cuando dice eso es porque la conoce. ¿No ves que fue tres años novia suya? *(Con intención.)*

LEONARDO. Pero la dejé. *(A su* MUJER.*)* ¿Vas a llorar ahora?

MUJER. ¡Quita! *(Le aparta bruscamente las manos de la cara.)* Vamos a ver al niño.

(Entran abrazados. Aparece la MUCHACHA, *alegre. Entra corriendo.)*

MUCHACHA. Señora.
SUEGRA. ¿Qué pasa?
MUCHACHA. Llegó el novio a la tienda y ha comprado todo lo mejor que había.
SUEGRA. ¿Vino solo?
MUCHACHA. No, con su madre. Seria, alta. *(La imita.)* Pero ¡qué lujo!
SUEGRA. Ellos tienen dinero.
MUCHACHA. ¡Y compraron unas medias caladas!... ¡Ay, qué medias! ¡El sueño de las mujeres en medias! Mire usted: una golondrina aquí *(señala el tobillo)*, un barco aquí *(señala la pantorrilla)*, y aquí una rosa *(señala el muslo.)*
SUEGRA. ¡Niña!
MUCHACHA. ¡Una rosa con las semillas y el tallo! ¡Ay! ¡Todo en seda!
SUEGRA. Se van a juntar dos buenos capitales·

(Aparecen LEONARDO *y su* MUJER.)

MUCHACHA. Vengo a deciros lo que están comprando.
LEONARDO. *(Fuerte.)* No nos importa.
MUJER. Déjala.
SUEGRA. Leonardo, no es para tanto.
MUCHACHA. Usted dispense. *(Se va llorando.)*
SUEGRA. ¿Qué necesidad tienes de ponerte a mal con las gentes?
LEONARDO. No le he preguntado su opinión. *(Se sienta.)*
SUEGRA. Está bien. *(Pausa.)*

MUJER. *(A* LEONARDO.) ¿Qué te pasa? ¿Qué idea te bulle por dentro de la cabeza? No me dejes así sin saber nada...
LEONARDO. Quita.
MUJER. No. Quiero que me mires y me lo digas.
LEONARDO. Déjame. *(Se levanta.)*
MUJER. ¿Adónde vas, hijo?
LEONARDO. *(Agrio.)* ¿Te puedes callar?
SUEGRA. *(Enérgica, a su hija.)* ¡Cállate! *(Sale* LEONARDO.) ¡El niño!

(Entra y vuelve a salir con él en brazos. La MUJER *ha permanecido de pie, inmóvil.)*

Las patas heridas,
las crines heladas,
dentro de los ojos
un puñal de plata.
Bajaban al río.
¡Ay, cómo bajaban!
La sangre corría
más fuerte que el agua.

MUJER. *(Volviéndose lentamente y como soñando.)*
Duérmete, clavel,
que el caballo se pone a beber.

SUEGRA.
Duérmete, rosal,
que el caballo se pone a llorar.

MUJER.
Nana, niño, nana.

SUEGRA.
¡Ay caballo grande
que no quiso el agua!

MUJER. *(Dramática.)*

¡No vengas, no entres!
¡Vete a la montaña!
¡Ay dolor de nieve,
caballo del alba!

SUEGRA. *(Llorando.)*
Mi niño se duerme...

MUJER. *(Llorando y acercándose lentamente.)*
Mi niño descansa...

SUEGRA.
Duérmete, clavel,
que el caballo se pone a beber.

MUJER. *(Llorando y apoyándose sobre la mesa.)*
Duérmete, rosal,
que el caballo se pone a llorar.

TELÓN

CUADRO TERCERO

Interior de la cueva donde vive la NOVIA. *Al fondo, una cruz de grandes flores rosa. Las puertas redondas con cortinas de encaje y lazos rosa. Por las paredes de material blanco y duro, abanicos redondos, jarros azules y pequeños espejos.*

CRIADA. Pasen... *(Muy afable*[16]*, llena de hipocresía humilde. Entran el* NOVIO *y su* MADRE. *La* MADRE *viste de raso negro y lleva mantilla de encaje. El* NOVIO, *de pana negra con gran cadena de oro.)* ¿Se quieren sentar? Ahora vienen. *(Sale.)*

(Quedan madre e hijo sentados, inmóviles como estatuas.

[16] Agradable.

Pausa larga.)

MADRE. ¿Traes el reloj?
NOVIO. Sí. *(Lo saca y lo mira.)*
MADRE. Tenemos que volver a tiempo. ¡Qué lejos vive esta gente!
NOVIO. Pero estas tierras son buenas.
MADRE. Buenas; pero demasiado solas. Cuatro horas de camino y ni una casa ni un árbol.
NOVIO. Estos son los secanos.
MADRE. Tu padre los hubiera cubierto de árboles.
NOVIO. ¿Sin agua?
MADRE. Ya la hubiera buscado. Los tres años que estuvo casado conmigo, plantó diez cerezos. *(Haciendo memoria.)* Los tres nogales del molino, toda una viña y una planta que se llama Júpiter, que da flores encarnadas, y se secó. *(Pausa.)*
NOVIO. *(Por la novia.)* Debe estar vistiéndose.

(Entra el PADRE *de la* NOVIA. *Es anciano, con el cabello blanco reluciente. Lleva la cabeza inclinada. La* MADRE *y el* NOVIO *se levantan y se dan las manos en silencio.)*

PADRE. ¿Mucho tiempo de viaje?
MADRE. Cuatro horas. *(Se sientan.)*
PADRE. Habéis venido por el camino más largo.
MADRE. Yo estoy ya vieja para andar por las terreras del río.
NOVIO. Se marea. *(Pausa.)*
PADRE. Buena cosecha de esparto[17].
NOVIO. Buena de verdad.
PADRE. En mi tiempo, ni esparto daba esta tierra. Ha sido necesario castigarla y hasta llorarla para que nos dé algo provechoso.

---

[17] Planta con la que se hacen cuerdas, calzado, etc.

MADRE. Pero ahora da. No te quejes. Yo no vengo a pedirte nada.

PADRE. *(Sonriendo.)* Tú eres más rica que yo. Las viñas valen un capital. Cada pámpano, una moneda de plata. Lo que siento es que las tierras..., ¿entiendes?..., estén separadas. A mí me gusta todo junto. Una espina tengo en el corazón, y es la huertecilla esa metida entre mis tierras, que no me quieren vender por todo el oro del mundo.

NOVIO. Eso pasa siempre.

PADRE. Si pudiéramos con veinte pares de bueyes traer tus viñas aquí y ponerlas en la ladera. ¡Qué alegría!...

MADRE. ¿Para qué?

PADRE. Lo mío es de ella y lo tuyo de él. Por eso. Para verlo todo junto, ¡que junto es una hermosura!

NOVIO. Y sería menos trabajo.

MADRE. Cuando yo me muera, vendéis aquello y compráis aquí al lado.

PADRE. Vender, ¡vender! ¡Bah!; comprar, hija, comprarlo todo. Si yo hubiera tenido hijos, hubiera comprado todo este monte hasta la parte del arroyo. Porque no es buena tierra; pero con brazos se la hace buena, y como no pasa gente no te roban los frutos y puedes dormir tranquilo. *(Pausa.)*

MADRE. Tú sabes a lo que vengo.

PADRE. Sí.

MADRE. ¿Y qué?

PADRE. Me parece bien. Ellos lo han hablado.

MADRE. Mi hijo tiene y puede.

PADRE. Mi hija también.

MADRE. Mi hijo es hermoso. No ha conocido mujer. La honra más limpia que una sábana puesta al sol.

PADRE. Qué te digo de la mía. Hace las migas[18] a las tres, cuando

[18] Plato rústico elaborado con miga de pan duro.

el lucero. No habla nunca; suave como la lana; borda toda clase de bordados y puede cortar una maroma[19] con los dientes.

MADRE. Dios bendiga tu casa.

PADRE. Que Dios la bendiga.

(Aparece la CRIADA *con dos bandejas. Una con copas y la otra con dulces.)*

MADRE. *(Al hijo.)* ¿Cuándo queréis la boda?

NOVIO. El jueves próximo.

PADRE. Día en que ella cumple veintidós años justos.

MADRE. ¡Veintidós años! Esa edad tendría mi hijo mayor si viviera. Que viviría caliente y macho como era si los hombres no hubieran inventado las navajas.

PADRE. En eso no hay que pensar.

MADRE. Cada minuto. Métete la mano en el pecho.

PADRE. Entonces el jueves. ¿No es así?

NOVIO. Así es.

PADRE. Los novios y nosotros iremos en coche hasta la iglesia, que está muy lejos, y el acompañamiento en los carros y en las caballerías que traigan.

MADRE. Conformes.

(Pasa la CRIADA.)

PADRE. Dile que ya puede entrar. *(A la* MADRE.) Celebraré mucho que te guste.

(Aparece la NOVIA. *Trae las manos caídas en actitud modesta y la cabeza baja.)*

MADRE. Acércate. ¿Estás contenta?

[19] Cuerda gruesa.

NOVIA. Sí, señora.

PADRE. No debes estar seria. Al fin y al cabo ella va a ser tu madre.

NOVIA. Estoy contenta. Cuando he dado el sí es porque quiero darlo.

MADRE. Naturalmente. *(Le coge la barbilla.)* Mírame.

PADRE. Se parece en todo a mi mujer.

MADRE. ¿Sí? ¡Qué hermoso mirar! ¿Tú sabes lo que es casarse, criatura?

NOVIA. *(Seria.)* Lo sé.

MADRE. Un hombre, unos hijos y una pared de dos varas[20] de ancho para todo lo demás.

NOVIO. ¿Es que hace falta otra cosa?

MADRE. No. Que vivan todos, ¡eso! ¡Que vivan!

NOVIA. Yo sabré cumplir.

MADRE. Aquí tienes unos regalos.

NOVIA. Gracias.

PADRE. ¿No tomamos algo?

MADRE. Yo no quiero. *(Al* NOVIO.) ¿Y tú?

NOVIO. Tomaré. *(Toma un dulce. La* NOVIA *toma otro.)*

PADRE. *(Al* NOVIO.) ¿Vino?

MADRE. No lo prueba.

PADRE. ¡Mejor! *(Pausa. Todos están en pie.)*

NOVIO. *(A la* NOVIA.) Mañana vendré.

NOVIA. ¿A qué hora?

NOVIO. A las cinco.

NOVIA. Yo te espero.

NOVIO. Cuando me voy de tu lado, siento un despego grande y así como un nudo en la garganta.

NOVIA. Cuando seas mi marido, ya no lo tendrás.

---

[20] En la obra, antigua medida de longitud de menos de un metro.

NOVIO. Eso digo yo.
MADRE. Vamos. El sol no espera. *(Al* PADRE.) ¿Conformes en todo?
PADRE. Conformes.
MADRE. *(A la* CRIADA.) Adiós, mujer.
CRIADA. Vayan ustedes con Dios.

(La MADRE *besa a la* NOVIA *y van saliendo en silencio.)*

MADRE. *(En la puerta.)* Adiós, hija. *(La* NOVIA *contesta con la mano.)*
PADRE. Yo salgo con vosotros. *(Salen.)*
CRIADA. Que reviento por ver los regalos.
NOVIA. *(Agria.)* Quita.
CRIADA. ¡Ay, niña, enséñamelos!
NOVIA. No quiero.
CRIADA. Siquiera las medias. Dicen que son todas caladas. ¡Mujer!
NOVIA. ¡Ea, que no!
CRIADA. ¡Por Dios! Está bien. Parece como si no tuvieras ganas de casarte.
NOVIA. *(Mordiéndose la mano con rabia.)* ¡Ay!
CRIADA. Niña, hija, ¿qué te pasa? ¿Sientes dejar tu vida de reina? No pienses en cosas agrias. ¿Tienes motivos? Ninguno. Vamos a ver los regalos. *(Coge la caja.)*
NOVIA. *(Cogiéndola de las muñecas.)* Suelta.
CRIADA. ¡Ay, mujer!
NOVIA. Suelta, he dicho.
CRIADA. Tienes más fuerza que un hombre.
NOVIA. ¿No he hecho yo trabajos de hombre? ¡Ojalá fuera!
CRIADA. ¡No hables así!
NOVIA. Calla he dicho. Hablemos de otro asunto.

(La luz va desapareciendo de la escena. Pausa larga.)

CRIADA. ¿Sentiste anoche un caballo?
NOVIA. ¿A qué hora?
CRIADA. A las tres.
NOVIA. Sería un caballo suelto de la manada.
CRIADA. No. Llevaba jinete.
NOVIA. ¿Por qué lo sabes?
CRIADA. Porque lo vi. Estuvo parado en tu ventana. Me chocó mucho.
NOVIA. ¿No sería mi novio? Algunas veces ha pasado a esas horas.
CRIADA. No.
NOVIA. ¿Tú le viste?
CRIADA. Sí.
NOVIA. ¿Quién era?
CRIADA. Era Leonardo.
NOVIA. *(Fuerte.)* ¡Mentira! ¡Mentira! ¿A qué viene aquí?
CRIADA. Vino.
NOVIA. ¡Cállate! ¡Maldita sea tu lengua!
(Se siente el ruido de un caballo.)
CRIADA. *(En la ventana.)* Mira, asómate. ¿Era?
NOVIA. ¡Era!

TELÓN RÁPIDO

FIN DEL ACTO PRIMERO

ACTO SEGUNDO

Cuadro primero

Zaguán[21] *de casa de la* Novia. *Portón al fondo. Es de noche. La* Novia *sale con enaguas*[22] *blancas encañonadas, llenas de encajes y puntas bordadas y un corpiño*[23] *blanco, con los brazos al aire. La* Criada, *lo mismo.*

Criada. Aquí te acabaré de peinar.
Novia. No se puede estar ahí dentro, del calor.
Criada. En estas tierras no refresca ni al amanecer.

(Se sienta la Novia *en una silla baja y se mira en un espejito de mano. La* Criada *la peina.)*

Novia. Mi madre era de un sitio donde había muchos árboles. De tierra rica.
Criada. ¡Así era ella de alegre!
Novia. Pero se consumió aquí.

21 Recibidor de una casa.
22 Prenda interior femenina que se lleva debajo de la falda.
23 Prenda de vestir femenina sin mangas.

CRIADA. El sino[24].

NOVIA. Como nos consumimos todas. Echan fuego las paredes. ¡Ay! No tires demasiado.

CRIADA. Es para arreglarte mejor esta onda. Quiero que te caiga sobre la frente. *(La* NOVIA *se mira en el espejo.)* ¡Qué hermosa estás! ¡Ay! *(La besa apasionadamente.)*

NOVIA. *(Seria.)* Sigue peinándome.

CRIADA. *(Peinándola.)* ¡Dichosa tú que vas a abrazar a un hombre, que lo vas a besar, que vas a sentir su peso!

NOVIA. Calla.

CRIADA. Y lo mejor es cuando te despiertes y lo sientas al lado y que él te roza los hombros con su aliento, como con una plumilla de ruiseñor.

NOVIA. *(Fuerte.)* ¿Te quieres callar?

CRIADA. ¡Pero niña! ¿Una boda, qué es? Una boda es esto y nada más. ¿Son los dulces? ¿Son los ramos de flores? No. Es una cama relumbrante y un hombre y una mujer.

NOVIA. No se debe decir.

CRIADA. Eso es otra cosa. ¡Pero es bien alegre!

NOVIA. O bien amargo.

CRIADA. El azahar te lo voy a poner desde aquí hasta aquí, de modo que la corona luzca sobre el peinado. *(Le prueba el ramo de azahar.)*

NOVIA. *(Se mira en el espejo.)* Trae. *(Coge el azahar, lo mira y deja caer la cabeza, abatida.)*

CRIADA. ¿Qué es esto?

NOVIA. Déjame.

CRIADA. No son horas de ponerte triste. *(Animosa.)* Trae el azahar. *(La* NOVIA *tira el azahar.)* ¡Niña! ¿Qué castigo pides tiran-

24 Destino.

do al suelo la corona? ¡Levanta esa frente! ¿Es que no te quieres casar? Dilo. Todavía te puedes arrepentir. *(Se levanta.)*

NOVIA. Son nublos[25]. Un mal aire en el centro, ¿quién no lo tiene?

CRIADA. ¿Tú quieres a tu novio?

NOVIA. Lo quiero.

CRIADA. Sí, sí, estoy segura.

NOVIA. Pero este es un paso muy grande.

CRIADA. Hay que darlo.

NOVIA. Ya me he comprometido.

CRIADA. Te voy a poner la corona.

NOVIA. *(Se sienta.)* Date prisa, que ya deben ir llegando.

CRIADA. Ya llevarán todos lo menos dos horas de camino.

NOVIA. ¿Cuánto hay de aquí a la iglesia?

CRIADA. Cinco leguas por el arroyo, que por el camino hay el doble.

(La NOVIA *se levanta y la* CRIADA *se entusiasma al verla.)*

Despierte la novia
la mañana de la boda.
¡Que los ríos del mundo
lleven tu corona!

NOVIA. *(Sonriente.)* Vamos.

CRIADA. *(La besa entusiasmada y baila alrededor.)*
Que despierte
con el ramo verde
del laurel florido.
¡Que despierte
por el tronco y la rama
de los laureles!

---

25 Nube de tormenta.

(Se oyen unos aldabonazos[26]*.)*

NOVIA. ¡Abre! Deben ser los primeros convidados. *(Entra. La* CRIADA *abre sorprendida.)*
CRIADA. ¿Tú?
LEONARDO. Yo. Buenos días.
CRIADA. ¡El primero!
LEONARDO. ¿No me han convidado?
CRIADA. Sí.
LEONARDO. Por eso vengo.
CRIADA. ¿Y tu mujer?
LEONARDO. Yo vine a caballo. Ella se acerca por el camino.
CRIADA. ¿No te has encontrado a nadie?
LEONARDO. Los pasé con el caballo.
CRIADA. Vas a matar al animal con tanta carrera.
LEONARDO. ¡Cuando se muera, muerto está! *(Pausa.)*
CRIADA. Siéntate. Todavía no se ha levantado nadie.
LEONARDO. ¿Y la novia?
CRIADA. Ahora mismo la voy a vestir.
LEONARDO. ¡La novia! ¡Estará contenta!
CRIADA. *(Variando la conversación.)* ¿Y el niño?
LEONARDO. ¿Cuál?
CRIADA. Tu hijo.
LEONARDO. *(Recordando como soñoliento.)* ¡Ah!
CRIADA. ¿Lo traen?
LEONARDO. No. *(Pausa. Voces cantando muy lejos.)*

VOCES.
¡Despierte la novia
la mañana de la boda!

[26] Golpe dado con la aldaba, con la que se llamaba a la puerta.

LEONARDO.
Despierte la novia
la mañana de la boda.

CRIADA. Es la gente. Vienen lejos todavía.

LEONARDO. *(Levantándose.)* ¿La novia llevará una corona grande, no? No debía ser tan grande. Un poco más pequeña le sentaría mejor. ¿Y trajo ya el novio el azahar que se tiene que poner en el pecho?

NOVIA. *(Apareciendo todavía en enaguas y con la corona de azahar puesta.)* Lo trajo.

CRIADA. *(Fuerte.)* No salgas así.

NOVIA. ¿Qué más da? *(Seria.)* ¿Por qué preguntas si trajeron el azahar? ¿Llevas intención?

LEONARDO. Ninguna. ¿Qué intención iba a tener? *(Acercándose.)* Tú, que me conoces, sabes que no la llevo. Dímelo. ¿Quién he sido yo para ti? Abre y refresca tu recuerdo. Pero dos bueyes y una mala choza son casi nada. Esa es la espina.

NOVIA. ¿A qué vienes?

LEONARDO. A ver tu casamiento.

NOVIA. ¡También yo vi el tuyo!

LEONARDO. Amarrado por ti, hecho con tus dos manos. A mí me pueden matar, pero no me pueden escupir. Y la plata, que brilla tanto, escupe algunas veces.

NOVIA. ¡Mentira!

LEONARDO. No quiero hablar, porque soy hombre de sangre y no quiero que todos estos cerros[27] oigan mis voces.

NOVIA. Las mías serían más fuertes.

CRIADA. Estas palabras no pueden seguir. Tú no tienes que hablar de lo pasado. *(La CRIADA mira a las puertas presa de inquietud.)*

---

27 Pequeña montaña.

NOVIA. Tiene razón. Yo no debo hablarte siquiera. Pero se me calienta el alma de que vengas a verme y atisbar mi boda y preguntes con intención por el azahar. Vete y espera a tu mujer en la puerta.

LEONARDO. ¿Es que tú y yo no podemos hablar?

CRIADA. *(Con rabia.)* No; no podéis hablar.

LEONARDO. Después de mi casamiento he pensado noche y día de quién era la culpa, y cada vez que pienso sale una culpa nueva que se come a la otra; ¡pero siempre hay culpa!

NOVIA. Un hombre con su caballo sabe mucho y puede mucho para poder estrujar a una muchacha metida en un desierto. Pero yo tengo orgullo. Por eso me caso. Y me encerraré con mi marido, a quien tengo que querer por encima de todo.

LEONARDO. El orgullo no te servirá de nada. *(Se acerca.)*

NOVIA. ¡No te acerques!

LEONARDO. Callar y quemarse es el castigo más grande que nos podemos echar encima. ¿De qué me sirvió a mí el orgullo y el no mirarte y dejarte despierta noches y noches? ¡De nada! ¡Sirvió para echarme fuego encima! Porque tú crees que el tiempo cura y que las paredes tapan, y no es verdad, no es verdad. ¡Cuando las cosas llegan a los centros, no hay quien las arranque!

NOVIA. *(Temblando.)* No puedo oírte. No puedo oír tu voz. Es como si me bebiera una botella de anís y me durmiera en una colcha de rosas. Y me arrastra, y sé que me ahogo, pero voy detrás.

CRIADA. *(Cogiendo a* LEONARDO *por las solapas.)* ¡Debes irte ahora mismo!

LEONARDO. Es la última vez que voy a hablar con ella. No temas nada.

NOVIA. Y sé que estoy loca y sé que tengo el pecho podrido de aguantar, y aquí estoy, quieta por oírlo, por verlo menear los brazos.

LEONARDO. No me quedo tranquilo si no te digo estas cosas. Yo me casé. Cásate tú ahora.

CRIADA. *(A* LEONARDO.*)* ¡Y se casa!

VOCES. *(Cantando más cerca.)*
Despierte la novia
la mañana de la boda.

NOVIA.
¡Despierte la novia!

(Sale corriendo a su cuarto.)

CRIADA. Ya está aquí la gente. *(A* LEONARDO.*)* No te vuelvas a acercar a ella.

LEONARDO. Descuida. *(Sale por la izquierda. Empieza a clarear el día.)*

MUCHACHA 1.ª *(Entrando.)*
Despierte la novia
la mañana de la boda;
ruede la ronda
y en cada balcón una corona.

VOCES.
¡Despierte la novia!

CRIADA. *(Moviendo algazara[28].)*
Que despierte
con el ramo verde
del laurel florido.
¡Que despierte
por el tronco v la rama
de los laureles!

MUCHACHA 2.ª *(Entrando.)*
Que despierte
con el largo pelo,

[28] Alboroto.

camisa de nieve,
botas de charol y plata
y jazmines en la frente.

CRIADA.
¡Ay, pastora,
que la luna asoma!

MUCHACHA 1.ª
¡Ay, galán,
deja tu sombrero por el olivar!

MOZO 1.º *(Entrando con el sombrero en alto.)*
Despierte la novia,
que por los campos viene
rodando la boda,
con bandejas de dalias
y panes de gloria.

VOCES.
¡Despierte la novia!

MUCHACHA 2.ª
La novia
se ha puesto su blanca corona,
y el novio
se la prende con lazos de oro.

CRIADA.
Por el toronjil[29]
la novia no puede dormir.

MUCHACHA 3.ª *(Entrando.)*
Por el naranjel
el novio le ofrece cuchara y mantel.

(Entran tres CONVIDADOS).

[29] Planta medicinal, melisa.

MOZO 1.º
¡Despierta, paloma!
El alba despeja
campanas de sombra.
CONVIDADO.
La novia, la blanca novia,
hoy doncella,
mañana señora.
MUCHACHA 1.ª
Baja, morena,
arrastrando tu cola de seda.
CONVIDADO.
Baja, morenita,
que llueve rocío la mañana fría.
MOZO 1.º
Despertad, señora, despertad,
porque viene el aire lloviendo azahar.
CRIADA.
Un árbol quiero bordarle
lleno de cintas granates
y en cada cinta un amor
con vivas alrededor.
VOCES.
Despierte la novia.
MOZO 1.º
¡La mañana de la boda!
CONVIDADO.
La mañana de la boda
qué galana[30] vas a estar;
pareces, flor de los montes,

[30] Adornada.

la mujer de un capitán.
PADRE. *(Entrando.)*
La mujer de un capitán
se lleva el novio.
¡Ya viene con sus bueyes
por el tesoro!
MUCHACHA 3.ª
El novio
parece la flor del oro;
cuando camina,
a sus plantas se agrupan las clavelinas.
CRIADA.
¡Ay mi niña dichosa!
MOZO 2.º
Que despierte la novia.
CRIADA.
¡Ay mi galana!
MUCHACHA 1.ª
La boda está llamando
por las ventanas.
MUCHACHA 2.ª
Que salga la novia.
MUCHACHA 1.ª
¡Que salga, que salga!
CRIADA.
¡Que toquen y repiquen
las campanas!
MOZO 1.º
¡Que viene aquí! ¡Que sale ya!
CRIADA.
¡Como un toro, la boda
levantándose está!

(Aparece la NOVIA. *Lleva un traje negro mil novecientos, con caderas y larga cola rodeada de gasas plisadas y encajes duros. Sobre el peinado de visera lleva la corona de azahar. Suenan las guitarras. Las* MUCHACHAS *besan a la* NOVIA.)

MUCHACHA 3.ª ¿Qué esencia te echaste en el pelo?
NOVIA. *(Riendo.)* Ninguna.
MUCHACHA 2.ª *(Mirando el traje.)* La tela es de lo que no hay.
MOZO 1.º ¡Aquí está el novio!
NOVIO. ¡Salud!

MUCHACHA 1.ª *(Poniéndole una flor en la oreja.)*
El novio
parece la flor del oro.

MUCHACHA 2.ª
¡Aires de sosiego
le manan los ojos!

(El NOVIO *se dirige al lado de la* NOVIA.)

NOVIA. ¿Por qué te pusiste esos zapatos?
NOVIO. Son más alegres que los negros.
MUJER de LEONARDO *(Entrando y besando a la* NOVIA.) ¡Salud! *(Hablan todas con algazara.)*

LEONARDO. *(Entrando como quien cumple un deber.)*
La mañana de casada
la corona te ponemos.

MUJER.
¡Para que el campo se alegre
con el agua de tu pelo!

MADRE. *(Al* PADRE.) ¿También están esos aquí?

PADRE. Son familia. ¡Hoy es día de perdones!
MADRE. Me aguanto, pero no perdono.
NOVIO. ¡Con la corona da alegría mirarte!
NOVIA. ¡Vámonos pronto a la iglesia!
NOVIO. ¿Tienes prisa?
NOVIA. Sí. Estoy deseando ser tu mujer y quedarme sola contigo, y no oír más voz que la tuya.
NOVIO. ¡Eso quiero yo!
NOVIA. Y no ver más que tus ojos. Y que me abrazaras tan fuerte que, aunque me llamara mi madre, que está muerta, no me pudiera despegar de ti.
NOVIO. Yo tengo fuerza en los brazos. Te voy a abrazar cuarenta años seguidos.
NOVIA. *(Dramática, cogiéndolo del brazo.)* ¡Siempre!
PADRE. ¡Vamos pronto! ¡A coger las caballerías y los carros! Que ya ha salido el sol.
MADRE. ¡Que llevéis cuidado! No sea que tengamos mala hora.

(Se abre el gran portón del fondo. Empiezan a salir)

CRIADA. *(Llorando.)*
Al salir de tu casa,
blanca doncella,
acuérdate que sales
como una estrella...
MUCHACHA 1.ª
Limpia de cuerpo y ropa
al salir de tu casa para la boda.

(Van saliendo.)

MUCHACHA 2.ª
¡Ya sales de tu casa
para la iglesia!
CRIADA.
¡El aire pone flores
por las arenas!
MUCHACHA 3.ª
¡Ay la blanca niña!
CRIADA.
Aire oscuro el encaje
de su mantilla.

(Salen. Se oyen guitarras, palillos y panderetas. Quedan solos LEONARDO *y su* MUJER.*)*

MUJER. Vamos.

LEONARDO. ¿Adónde?

MUJER. A la iglesia. Pero no vas en el caballo. Vienes conmigo.

LEONARDO. ¿En el carro?

MUJER. ¿Hay otra cosa?

LEONARDO. Yo no soy hombre para ir en carro.

MUJER. Y yo no soy mujer para ir sin su marido en un casamiento. ¡Que no puedo más!

LEONARDO. ¡Ni yo tampoco!

MUJER. ¿Por qué me miras así? Tienes una espina en cada ojo.

LEONARDO. ¡Vamos!

MUJER. No sé lo que pasa. Pero pienso y no quiero pensar. Una cosa sé. Yo ya estoy despachada. Pero tengo un hijo. Y otro que viene. Vamos andando. El mismo sino tuvo mi madre. Pero de aquí no me muevo. *(Voces fuera.)*

VOCES.
¡Al salir de tu casa
para la iglesia,
acuérdate que sales
como una estrella!

MUJER. *(Llorando.)*
¡Acuérdate que sales
como una estrella!

Así salí yo de mi casa también. Que me cabía todo el campo en la boca.

LEONARDO. *(Levántandose.)* Vamos.

MUJER. ¡Pero conmigo!

LEONARDO. Sí. *(Pausa.)* ¡Echa a andar! *(Salen.)*

VOCES.
Al salir de tu casa
para la iglesia,
acuérdate que sales
como una estrella.

TELÓN LENTO

CUADRO SEGUNDO

Exterior de la cueva de la NOVIA. *Entonación en blancos, grises y azules fríos. Grandes chamberas. Tonos sombríos y plateados Panoramas de mesetas color barquillo, todo endurecido como paisaje de cerámica popular.*

CRIADA. *(Arreglando en una mesa copas y bandejas.)*
Giraba,
giraba la rueda

y el agua pasaba;
porque llega la boda
que se aparten las ramas
y la luna se adorne
por su blanca baranda.

(En voz alta.)
¡Pon los manteles!

(En voz patética.)
Cantaban,
cantaban los novios
y el agua pasaba.
Porque llega la boda
que relumbre la escarcha
y se llenen de miel
las almendras amargas.

(En voz alta.)
¡Prepara el vino!

(En voz poética.)
Galana.
Galana de la tierra,
mira cómo el agua pasa.
Porque llega tu boda
recógete las faldas
y bajo el ala del novio
nunca salgas de tu casa.
¡Porque el novio es un palomo
con todo el pecho de brasa
y espera el campo el rumor

de la sangre derramada.
Giraba,
giraba la rueda
y el agua pasaba.
Porque llega tu boda,
deja que relumbre el agua!

MADRE. *(Entrando.)* ¡Por fin!

PADRE. ¿Somos los primeros?

CRIADA. No. Hace rato llegó Leonardo con su mujer. Corrieron como demonios. La mujer llegó muerta de miedo. Hicieron el camino como si hubieran venido a caballo.

PADRE. Ese busca la desgracia. No tiene buena sangre.

MADRE. ¿Qué sangre va a tener? La de toda su familia. Mana de su bisabuelo, que empezó matando, y sigue en toda la mala ralea[31], manejadores de cuchillos y gente de falsa sonrisa.

PADRE. ¡Vamos a dejarlo!

CRIADA. ¿Cómo lo va a dejar?

MADRE. Me duele hasta la punta de las venas. En la frente de todos ellos yo no veo más que la mano con que mataron a lo que era mío. ¿Tú me ves a mí? ¿No te parezco loca? Pues es loca de no haber gritado todo lo que mi pecho necesita. Tengo en mi pecho un grito siempre puesto de pie a quien tengo que castigar y meter entre los mantos. Pero se llevan a los muertos y hay que callar. Luego la gente critica. *(Se quita el manto.)*

PADRE. Hoy no es día de que te acuerdes de esas cosas.

MADRE. Cuando sale la conversación, tengo que hablar, y hoy más. Porque hoy me quedo sola en mi casa.

PADRE. En espera de estar acompañada.

MADRE. Esa es mi ilusión: los nietos. *(Se sientan.)*

---

[31] Familia, linaje.

PADRE. Yo quiero que tengan muchos. Esta tierra necesita brazos que no sean pagados. Hay que sostener una batalla con las malas hierbas, con los cardos, con los pedruscos que salen no se sabe dónde. Y estos brazos tienen que ser de los dueños, que castiguen y que dominen, que hagan brotar las simientes. Se necesitan muchos hijos.

MADRE. ¡Y alguna hija! ¡Los varones son del viento! Tienen por fuerza que manejar armas. Las niñas no salen jamás a la calle.

PADRE. *(Alegre.)* Yo creo que tendrán de todo.

MADRE. Mi hijo la cubrirá[32] bien. Es de buena simiente. Su padre pudo haber tenido conmigo muchos hijos.

PADRE. Lo que yo quisiera es que esto fuera cosa de un día. Que en seguida tuvieran dos o tres hombres.

MADRE. Pero no es así. Se tarda mucho. Por eso es tan terrible ver la sangre de una derramada por el suelo. Una fuente que corre un minuto y a nosotros nos ha costado años. Cuando yo llegué a ver a mi hijo, estaba tumbado en mitad de la calle. Me mojé las manos de sangre y me las lamí con la lengua. Porque era mía. Tú no sabes lo que es eso. En una custodia[33] de cristal y topacios[34] pondría yo la tierra empapada por ella.

PADRE. Ahora tienes que esperar. Mi hija es ancha y tu hijo es fuerte.

MADRE. Así espero. *(Se levantan.)*

PADRE. Prepara las bandejas de trigo.

CRIADA. Están preparadas.

MUJER de LEONARDO. *(Entrando.)* ¡Que sea para bien!

MADRE. Gracias.

LEONARDO. ¿Va a haber fiesta?

---

[32] En el texto, fecundar.

[33] Pieza metálica donde se expone la hostia consagrada.

[34] Piedra semipreciosa.

PADRE. Poca. La gente no puede entretenerse.
CRIADA. ¡Ya están aquí!

(Van entrando invitados, en alegres grupos. Entran los novios cogidos del brazo. Sale LEONARDO.)

NOVIO. En ninguna boda se vio tanta gente.
NOVIA. *(Sombría.)* En ninguna.
PADRE. Fue lucida.
MADRE. Ramas enteras de familias han venido.
NOVIO. Gente que no salía de su casa.
MADRE. Tu padre sembró mucho y ahora lo recoges tú.
NOVIO. Hubo primos míos que yo ya no conocía.
MADRE. Toda la gente de la costa.
NOVIO. *(Alegre.)* Se espantaban de los caballos. *(Hablan.)*
MADRE. *(A la* NOVIA.) ¿Qué piensas?
NOVIA. No pienso en nada.
MADRE. Las bendiciones pesan mucho. *(Se oyen guitarras.)*
NOVIA. Como plomo.
MADRE. *(Fuerte.)* Pero no han de pesar. Ligera como paloma debes ser.
NOVIA. ¿Se queda usted aquí esta noche?
MADRE. No. Mi casa está sola.
NOVIA. ¡Debía usted quedarse!
PADRE. *(A la* MADRE.) Mira el baile que tienen formado. Bailes de allá de la orilla del mar.
(Sale LEONARDO *y se sienta. Su* MUJER *detrás de él, en actitud rígida.)*
MADRE. Son los primos de mi marido. Duros como piedras para la danza.
PADRE. Me alegra verlos. ¡Qué cambio para esta casa! *(Se va.)*
NOVIO. *(A la* NOVIA.) ¿Te gustó el azahar?

NOVIA. *(Mirándole fija.)* Sí.

NOVIO. Es todo de cera. Dura siempre. Me hubiera gustado que llevaras en todo el vestido.

NOVIA. No hace falta. *(Mutis*[35] LEONARDO *por la derecha.)*

MUCHACHA 1.ª Vamos a quitarte los alfileres.

NOVIA. *(Al* NOVIO.) Ahora vuelvo.

MUJER. ¡Que seas feliz con mi prima!

NOVIO. Tengo seguridad.

MUJER. Aquí los dos; sin salir nunca y a levantar la casa. ¡Ojalá yo viviera también así de lejos!

NOVIO. ¿Por qué no compráis tierras? El monte es barato y los hijos se crían mejor.

MUJER. No tenemos dinero. ¡Y con el camino que llevamos!

NOVIO. Tu marido es un buen trabajador.

MUJER. Sí, pero le gusta volar demasiado. Ir de una cosa a otra. No es hombre tranquilo.

CRIADA. ¿No tomáis nada? Te voy a envolver unos roscos de vino para tu madre, que a ella le gustan mucho.

NOVIO. Ponle tres docenas.

MUJER. No, no. Con media tiene bastante.

NOVIO. Un día es un día.

MUJER. *(A la* CRIADA.) ¿Y Leonardo?

CRIADA. No lo vi.

NOVIO. Debe estar con la gente.

MUJER. ¡Voy a ver! *(Se va.)*

CRIADA. Aquello está hermoso.

NOVIO. ¿Y tú no bailas?

CRIADA. No hay quien me saque.

---

[35] Salida de escena de un personaje.

(Pasan al fondo dos MUCHACHAS: *durante todo este acto el fondo será un animado cruce de figuras.)*

NOVIO. *(Alegre.)* Eso se llama no entender. Las viejas frescas como tú bailan mejor que las jóvenes.

CRIADA. Pero ¿vas a echarme requiebros[36], niño? ¡Qué familia la tuya! ¡Machos entre los machos! Siendo niña, vi la boda de tu abuelo. ¡Qué figura! Parecía como si se casara un monte.

NOVIO. Yo tengo menos estatura.

CRIADA. Pero el mismo brillo en los ojos. ¿Y la niña?

NOVIO. Quitándose la toca[37].

CRIADA. ¡Ah! Mira. Para la medianoche, como no dormiréis, os he preparado jamón y unas copas grandes de vino antiguo. En la parte baja de la alacena[38]. Por si lo necesitáis.

NOVIO. *(Sonriente.)* No como a media noche.

CRIADA. *(Con malicia.)* Si tú no, la novia. *(Se va.)*

MOZO 1.º *(Entrando.)* ¡Tienes que beber con nosotros!

NOVIO. Estoy esperando a la novia.

MOZO 2.º ¡Ya la tendrás en la madrugada!

MOZO 1.º ¡Que es cuando más gusta!

MOZO 2.º Un momento.

NOVIO. Vamos.

(Salen. Se oye gran algaraza. Sale la NOVIA. *Por el lado opuesto salen dos* MUCHACHAS *corriendo a encontrarla.)*

MUCHACHA 1.ª ¿A quién diste el primer alfiler, a mí o a esta?

NOVIA. No me acuerdo.

---

36 Alabanza, piropo.

37 En el texto, prenda de tela con la que se cubría la cabeza.

38 Despensa donde se guarda comida.

MUCHACHA 1.ª A mí me lo diste aquí.
MUCHACHA 2.ª A mí delante del altar.
NOVIA. *(Inquieta y con gran lucha interior.)* No sé nada.
MUCHACHA 1.ª Es que yo quisiera que tú...
NOVIA. *(Interrumpiendo.)* Ni me importa. Tengo mucho que pensar.
MUCHACHA 2.ª Perdona. (LEONARDO *cruza al fondo.)*
NOVIA. *(Ve a* LEONARDO.) Y estos momentos son agitados.
MUCHACHA 1.ª ¡Nosotras no sabemos nada!
NOVIA. Ya lo sabréis cuando os llegue la hora. Estos pasos son pasos que cuestan mucho.
MUCHACHA 1.ª ¿Te has disgustado?
NOVIA. No. Perdonad vosotras.
MUCHACHA 2.ª ¿De qué? Pero los dos alfileres sirven para casarse, ¿verdad?
NOVIA. Los dos.
MUCHACHA 1.ª Ahora, que una se casa antes que otra.
NOVIA. ¿Tantas ganas tenéis?
MUCHACHA 2.ª *(Vergonzosa.)* Sí.
NOVIA. ¿Para qué?
MUCHACHA 1.ª Pues... *(Abrazando a la segunda.)*

(Echan a correr las dos. Llega el NOVIO *y muy despacio abraza a la* NOVIA *por detrás.)*

NOVIA. *(Con gran sobresalto.)* ¡Quita!
NOVIO. ¿Te asustas de mí?
NOVIA. ¡Ay! ¿Eras tú?
NOVIO. ¿Quién iba a ser? *(Pausa.)* Tu padre o yo.
NOVIA. ¡Es verdad!
NOVIO. Ahora, que tu padre te hubiera abrazado más blando.
NOVIA. *(Sombría.)* ¡Claro!

NOVIO. *(La abraza fuertemente de modo un poco brusco.)* Porque es viejo.

NOVIA. *(Seca.)* ¡Déjame!

NOVIO. ¿Por qué? *(La deja.)*

NOVIA. Pues... la gente. Pueden vernos. *(Vuelve a cruzar al fondo la* CRIADA, *que no mira a los novios.)*

NOVIO. ¿Y qué? Ya es sagrado.

NOVIA. Sí, pero déjame... Luego.

NOVIO. ¿Qué tienes? ¡Estás como asustada!

NOVIA. No tengo nada. No te vayas. *(Sale la mujer de* LEONARDO.)

MUJER. No quiero interrumpir...

NOVIO. Dime.

MUJER. ¿Pasó por aquí mi marido?

NOVIO. No.

MUJER. Es que no lo encuentro, y el caballo no está tampoco en el establo.

NOVIO. *(Alegre.)* Debe estar dándole una carrera. *(Se va la* MUJER *inquieta. Sale la* CRIADA.)

CRIADA. ¿No andáis satisfechos de tanto saludo?

NOVIO. Ya estoy deseando que esto acabe. La novia está un poco cansada.

CRIADA. ¿Qué es eso, niña?

NOVIA. ¡Tengo como un golpe en las sienes!

CRIADA. Una novia de estos montes debe ser fuerte. *(Al* NOVIO.) Tú eres el único que la puedes curar, porque tuya es. *(Sale corriendo.)*

NOVIO. *(Abrazándola.)* Vamos un rato al baile. *(La besa.)*

NOVIA. *(Angustiada.)* No. Quiero echarme en la cama un poco.

NOVIO. Yo te haré compañía.

NOVIA. ¡Nunca! ¿Con toda la gente aquí? ¿Qué dirían? Déjame sosegar un momento.

NOVIO. ¡Lo que quieras! ¡Pero no estés así por la noche!
NOVIA. *(En la puerta.)* A la noche estaré mejor.
NOVIO. ¡Que es lo que yo quiero! *(Aparece la* MADRE.)
MADRE. Hijo.
NOVIO. ¿Dónde anda usted?
MADRE. En todo ese ruido. ¿Estás contento?
NOVIO. Sí.
MADRE. ¿Y tu mujer?
NOVIO. Descansa un poco. ¡Mal día para las novias!
MADRE. ¿Mal día? El único bueno. Para mí fue como una herencia. *(Entra la* CRIADA *y se dirige al cuarto de la* NOVIA.) Es la roturación de las tierras, la plantación de árboles nuevos.
NOVIO. ¿Usted se va a ir?
MADRE. Sí. Yo tengo que estar en mi casa.
NOVIO. Sola.
MADRE. Sola no. Que tengo la cabeza llena de cosas y de hombres y luchas.
NOVIO. Pero luchas que ya no son luchas.
(Sale la CRIADA *rápidamente, desaparece corriendo por el fondo.)*
MADRE. Mientras una vive, lucha.
NOVIO. ¡Siempre la obedezco!
MADRE. Con tu mujer procura estar cariñoso, y si la notaras infatuada[39] o arisca, hazle una caricia que le produzca un poco de daño, un abrazo fuerte, un mordisco y luego un beso suave. Que ella no pueda disgustarse, pero que sienta que tú eres el macho, el amo, el que manda. Así aprendí de tu padre. Y como no lo tienes, tengo que ser yo la que te enseñe estas fortalezas.
NOVIO. Yo siempre haré lo que usted mande.
PADRE. *(Entrando.)* ¿Y mi hija?

[39] Presumida, engreída.

NOVIO. Está dentro.
MUCHACHA 1.ª ¡Vengan los novios, que vamos a bailar la rueda!
MOZO 1.º *(Al* NOVIO.) Tú la vas a dirigir.
PADRE. *(Saliendo.)* ¡Aquí no está!
NOVIO. ¿No?
PADRE. Debe haber subido a la baranda.
NOVIO. ¡Voy a ver! *(Entra.)*

(Se oye algazara y guitarras.)

MUCHACHA 1.ª ¡Ya han empezado! *(Sale.)*
NOVIO. *(Saliendo.)* No está.
MADRE. *(Inquieta.)* ¿No?
PADRE. ¿Y dónde pudo haber ido?
CRIADA. *(Entrando.)* ¿Y la niña, dónde está?
MADRE. *(Seria.)* No lo sabemos.

(Sale el NOVIO. *Entran tres invitados.)*

PADRE. *(Dramático.)* Pero ¿no está en el baile?
CRIADA. En el baile no está.
PADRE. *(Con arranque.)* Hay mucha gente. ¡Mirad!
CRIADA. ¡Ya he mirado!
PADRE. *(Trágico.)* ¿Pues dónde está?
NOVIO. *(Entrando.)* Nada. En ningún sitio.
MADRE. *(Al* PADRE.) ¿Qué es esto? ¿Dónde está tu hija?

(Entra la MUJER DE LEONARDO.)

MUJER. ¡Han huido! ¡Han huido! Ella y Leonardo. En el caballo. ¡Iban abrazados, como una exhalación!
PADRE. ¡No es verdad! ¡Mi hija, no!

MADRE. ¡Tu hija, sí! Planta de mala madre, y él, también él. ¡Pero ya es la mujer de mi hijo!

NOVIO. *(Entrando.)* ¡Vamos detrás! ¿Quién tiene un caballo?

MADRE. ¿Quién tiene un caballo ahora mismo, quién tiene un caballo? Que le daré todo lo que tengo, mis ojos y hasta mi lengua...

VOZ. Aquí hay uno.

MADRE. *(Al hijo.)* ¡Anda! ¡Detrás! *(Sale con dos mozos.)* No. No vayas. Esa gente mata pronto y bien...; ¡pero sí, corre, y yo detrás!

PADRE. No será ella. Quizá se haya tirado al aljibe[40].

MADRE. Al agua se tiran las honradas, las limpias; ¡esa, no! Pero ya es mujer de mi hijo. Dos bandos. Aquí hay dos bandos. *(Entran todos.)* Mi familia y la tuya. Salid todos de aquí. Limpiarse el polvo de los zapatos. Vamos a ayudar a mi hijo. *(La gente se separa en dos grupos.)* Porque tiene gente; que son sus primos del mar y todos los que llegan de tierra adentro. ¡Fuera de aquí! Por todos los caminos. Ha llegado otra vez la hora de la sangre. Dos bandos. Tú con el tuyo y yo con el mío. ¡Atrás! ¡Atrás!

TELÓN

FIN DEL ACTO SEGUNDO

[40] Depósito de agua.

ACTO TERCERO

CUADRO PRIMERO

Bosque. Es de noche. Grandes troncos húmedos. Ambiente oscuro. Se oyen dos violines.

(Salen tres LEÑADORES.)

LEÑADOR 1.º ¿Y los han encontrado?
LEÑADOR 2.º No. Pero los buscan por todas partes.
LEÑADOR 3.º Ya darán con ellos.
LEÑADOR 2.º ¡Chissss!
LEÑADOR 3.º ¿Qué?
LEÑADOR 2.º Parece que se acercan por todos los caminos a la vez.
LEÑADOR 1.º Cuando salga la luna, los verán.
LEÑADOR 2.º Debían dejarlos.
LEÑADOR 1.º El mundo es grande. Todos pueden vivir en él.
LEÑADOR 3.º Pero los matarán.
LEÑADOR 2.º Hay que seguir la inclinación; han hecho bien en huir.
LEÑADOR 1.º Se estaban engañando uno a otro y al final la sangre pudo más.
LEÑADOR 3.º ¡La sangre!
LEÑADOR 1.º Hay que seguir el camino de la sangre.

LEÑADOR 2.º Pero sangre que ve la luz se la bebe la tierra.

LEÑADOR 1.º ¿Y qué? Vale más ser muerto desangrado que vivo con ella podrida.

LEÑADOR 3.º Callar.

LEÑADOR 1.º ¿Qué? ¿Oyes algo?

LEÑADOR 3.º Oigo los grillos, las ranas, el acecho de la noche.

LEÑADOR 1.º Pero el caballo no se siente.

LEÑADOR 3.º No.

LEÑADOR 1.º Ahora la estará queriendo.

LEÑADOR 2.º El cuerpo de ella era para él y el cuerpo de él para ella.

LEÑADOR 3.º Los buscan y los matarán.

LEÑADOR 1.º Pero ya habrán mezclado sus sangres y serán como dos cántaros vacíos, como dos arroyos secos.

LEÑADOR 2.º Hay muchas nubes y será fácil que la luna no salga.

LEÑADOR 3.º El novio los encontrará con luna o sin luna. Yo lo vi salir. Como una estrella furiosa. La cara color ceniza. Expresaba el sino de su casta.

LEÑADOR 1.º Su casta de muertos en mitad de la calle.

LEÑADOR 2.º ¡Eso es!

LEÑADOR 3.º ¿Crees que ellos lograrán romper el cerco?

LEÑADOR 2.º Es difícil. Hay cuchillos y escopetas a diez leguas a la redonda.

LEÑADOR 3.º Él lleva un buen caballo.

LEÑADOR 1.º Pero lleva una mujer.

LEÑADOR 1.º Ya estamos cerca.

LEÑADOR 2.º Un árbol de cuarenta ramas. Lo cortaremos pronto.

LEÑADOR 3.º Ahora sale la luna. Vamos a darnos prisa.

(Por la izquierda surge una claridad.)

LEÑADOR 1.º
¡Ay luna que sales!
Luna de las hojas grandes.

LEÑADOR 2.º
¡Llena de jazmines la sangre!

LEÑADOR 1.º
¡Ay luna sola!
¡Luna de las verdes hojas!

LEÑADOR 2.º
Plata en la cara de la novia.

LEÑADOR 3.º
¡Ay luna mala!
Deja para el amor la oscura rama.

LEÑADOR 1.º
¡Ay triste luna!
¡Deja para el amor la rama oscura!

(Salen. Por la claridad de la izquierda aparace la LUNA. *La* LUNA *es un leñador joven con la cara blanca. La escena adquiere un vivo resplandor azul.)*

LUNA.
Cisne redondo en el río,
ojo de las catedrales,
alba fingida en las hojas
soy; ¡no podrán escaparse!
¿Quién se oculta? ¿Quién solloza
por la maleza del valle?
La luna deja un cuchillo
abandonado en el aire,
que siendo acecho de plomo
quiere ser dolor de sangre.

¡Dejadme entrar! ¡Vengo helada
por paredes y cristales!
¡Abrir tejados y pechos
donde pueda calentarme!
¡Tengo frío! Mis cenizas
de soñolientos metales,
buscan la cresta del fuego
por los montes y las calles.
Pero me lleva la nieve
sobre su espalda de jaspe[41],
y me anega, dura y fría,
el agua de los estanques.
Pues esta noche tendrán
mis mejillas roja sangre,
y los juncos agrupados
en los anchos pies del aire.
¡No haya sombra ni emboscada,
que no puedan escaparse!
¡Que quiero entrar en un pecho
para poder calentarme!
¡Un corazón para mí!
¡Caliente, que se derrame
por los montes de mi pecho;
dejadme entrar, ¡ay, dejadme!

(A las ramas.)
No quiero sombras. Mis rayos
han de entrar en todas partes,
y haya en los troncos oscuros
un rumor de claridades,

[41] Piedra semipreciosa.

para que esta noche tengan
mis mejillas dulce sangre,
y los juncos agrupados
en los anchos pies del aire.
¿Quién se oculta? ¡Afuera digo!
¡No! ¡No podrán escaparse!
Yo haré lucir al caballo
una fiebre de diamante.

(Desaparece entre los troncos, y vuelve la escena a su luz oscura. Sale una anciana totalmente cubierta por tenues paños verdeoscuros. Lleva los pies descalzos. Apenas si se le verá el rostro entre los pliegues. Este personaje no figura en el reparto.)

MENDIGA.

Esa luna se va y ellos se acercan.
De aquí no pasan. El rumor del río
apagará con el rumor de troncos
el desgarrado vuelo de los gritos.
Aquí ha de ser, y pronto. Estoy cansada.
Abren los cofres, y los blancos hilos
aguardan por el suelo de la alcoba
cuerpos pesados con el cuello herido.
No se despierte un pájaro y la brisa,
recogiendo en su falda los gemidos,
huya con ellos por las negras copas
o los entierre por el blando limo[42].
(Impaciente.)
¡Esa luna, esa luna!

[42] Lodo, barro.

(Aparece la LUNA. *Vuelve la luz azul intensa.)*

LUNA.
Ya se acercan.
Unos por la cañada[43] y el otro por el río.
Voy a alumbrar las piedras. ¿Qué necesitas?
MENDIGA.
Nada.
LUNA.
El aire va llegando duro, con doble filo.
MENDIGA.
Ilumina el chaleco y aparta los botones,
que después las navajas ya saben el camino.
LUNA.
Pero que tarden mucho en morir. Que la sangre
me ponga entre los dedos su delicado silbo.
¡Mira que ya mis valles de ceniza despiertan
en ansia de esta fuente de chorro estremecido!
MENDIGA.
No dejemos que pasen el arroyo. ¡Silencio!
LUNA. ¡Allí vienen! *(Se va. Queda la escena oscura.)*
MENDIGA.
De prisa. Mucha luz. ¿Me has oído?
¡No pueden escaparse!

(Entran el NOVIO *y el* MOZO 1.º. *La* MENDIGA *se sienta y se tapa con el manto.)*

NOVIO. Por aquí.
MOZO 1.º No los encontrarás.

43 Valle estrecho.

NOVIO. *(Enérgico.)* ¡Sí los encontraré!
MOZO 1.º Creo que se han ido por otra vereda.
NOVIO. No. Yo sentí hace un momento el galope.
MOZO 1.º Sería otro caballo.
NOVIO. *(Dramático.)* Oye. No hay más que un caballo en el mundo, y es este. ¿Te has enterado? Si me sigues, sígueme sin hablar.
MOZO 1.º Es que quisiera...
NOVIO. Calla. Estoy seguro de encontrármelos aquí. ¿Ves este brazo? Pues no es mi brazo. Es el brazo de mi hermano y el de mi padre y el de toda mi familia que está muerta. Y tiene tanto poderío que puede arrancar este árbol de raíz si quiere. Y vamos pronto, que siento los dientes de todos los míos clavados aquí de una manera que se me hace imposible respirar tranquilo.
MENDIGA. *(Quedándose.)* ¡Ay!
MOZO 1.º ¿Has oído?
NOVIO. Vete por ahí y da la vuelta.
MOZO 1.º Esto es una caza.
NOVIO. Una caza. La más grande que se puede hacer.

(Se va el MOZO. *El* NOVIO *se dirige rápidamente hacia la izquierda y tropieza con la* MENDIGA, *la muerte.)*

MENDIGA. ¡Ay!
NOVIO. ¿Qué quieres?
MENDIGA. Tengo frío.
NOVIO. ¿Adónde te diriges?
MENDIGA. *(Siempre quejándose como una mendiga.)* Allá lejos...
NOVIO. ¿De dónde vienes?
MENDIGA. De allí..., de muy lejos.
NOVIO. ¿Viste un hombre y una mujer que corrían montados en un caballo?

MENDIGA. *(Despertándose.)* Espera... *(Lo mira.)* Hermoso galán. *(Se levanta.)* Pero mucho más hermoso si estuviera dormido.

NOVIO. Dime, contesta, ¿los viste?

MENDIGA. Espera... ¡Qué espaldas más anchas! ¿Cómo no te gusta estar tendido sobre ellas y no andar sobre las plantas de los pies, que son tan chicas?

NOVIO. *(Zamarreándola[44].)* ¡Te digo si los viste! ¿Han pasado por aquí?

MENDIGA. *(Enérgica.)* No han pasado; pero están saliendo de la colina. ¿No los oyes?

NOVIO. No.

MENDIGA. ¿Tú no conoces el camino?

NOVIO. ¡Iré como sea!

MENDIGA. Te acompañaré. Conozco esta tierra.

NOVIO. *(Impaciente.)* ¡Pues vamos! ¿Por dónde?

MENDIGA. *(Dramática.)* ¡Por allí!

(Salen rápidos. Se oyen lejanos dos violines que expresan el bosque. Vuelven los LEÑADORES. *Llevan las hachas al hombro. Pasan lentos entre los troncos.)*

LEÑADOR 1.º
¡Ay muerte que sales!
Muerte de las hojas grandes.
LEÑADOR 2.º
¡No abras el chorro de la sangre!
LEÑADOR 1.º
¡Ay muerte sola!
Muerte de las secas hojas.

[44] Agarrar por la zamarra (prenda rústica).

LEÑADOR 3.º
¡No cubras de flores la boda!
LEÑADOR 2.º
¡Ay triste muerte!
Deja para el amor la rama verde.
LEÑADOR 1.º
¡Ay muerte mala!
¡Deja para el amor la verde rama!

(Van saliendo mientras hablan. Aparecen LEONARDO *y la* NOVIA.)

LEONARDO.
¡Calla!
NOVIA.
Desde aquí yo me iré sola.
¡Vete! Quiero que te vuelvas.
LEONARDO.
¡Calla, digo!
NOVIA.
Con los dientes,
con las manos, como puedas,
quita de mi cuello honrado
el metal de esta cadena,
dejándome arrinconada
allá en mi casa de tierra.
Y si no quieres matarme
como a víbora pequeña,
pon en mis manos de novia
el cañón de la escopeta.
¡Ay, que lamento, qué fuego
me sube por la cabeza!
¡Qué vidrios se me clavan en la lengua!

LEONARDO.
Ya dimos el paso, ¡calla!,
porque nos persiguen cerca
y te he de llevar conmigo.
NOVIA.
¡Pero ha de ser a la fuerza!
LEONARDO.
¿A la fuerza? ¿Quién bajó
primero las escaleras?
NOVIA.
Yo las bajé.
LEONARDO.
¿Quién le puso
al caballo bridas[45] nuevas?
NOVIA.
Yo misma. Verdad.
LEONARDO.
¿Y qué manos
me calzaron las espuelas[46]?
NOVIA.
Estas manos, que son tuyas,
pero que al verte quisieran
quebrar las ramas azules
y el murmullo de tus venas.
¡Te quiero! ¡Te quiero! ¡Aparta!
Que si matarte pudiera,
te pondría una mortaja[47]
con los filos de violetas.

---

[45] Correa del caballo.
[46] Pieza metálica y afilada para picar al caballo.
[47] Ropa con la que se envuelve un cadáver.

¡Ay, qué lamento, qué fuego
me sube por la cabeza!

LEONARDO.

¡Qué vidrios se me clavan en la lengua!
Porque yo quise olvidar
y puse un muro de piedra
entre tu casa y la mía.
Es verdad. ¿No lo recuerdas?
Y cuando te vi de lejos
me eché en los ojos arena.
Pero montaba a caballo
y el caballo iba a tu puerta.
Con alfileres de plata
mi sangre se puso negra,
y el sueño me fue llenando
las carnes de mala hierba.
Que yo no tengo la culpa,
que la culpa es de la tierra
y de ese olor que te sale
de los pechos y las trenzas.

NOVIA.

¡Ay qué sinrazón! No quiero
contigo cama ni cena,
y no hay minuto del día
que estar contigo no quiera,
porque me arrastras y voy,
y me dices que me vuelva
y te sigo por el aire
como una brizna de hierba.
He dejado a un hombre duro
y a toda su descendencia
en la mitad de la boda

y con la corona puesta.
Para ti será el castigo
y no quiero que lo sea.
¡Déjame sola! ¡Huye tú!
No hay nadie que te defienda.

LEONARDO.
Pájaros de la mañana
por los árboles se quiebran.
La noche se está muriendo
en el filo de la piedra.
Vamos al rincón oscuro
donde yo siempre te quiera,
que no me importa la gente
ni el veneno que nos echa.

(La abraza fuertemente.)

NOVIA.
Y yo dormiré a tus pies
para guardar lo que sueñas.
Desnuda, mirando al campo,
(Dramática.)
como si fuera una perra,
¡porque eso soy! Que te miro
y tu hermosura me quema.

LEONARDO.
Se abrasa lumbre con lumbre.
La misma llama pequeña
mata dos espigas juntas.
¡Vamos!

(La arrastra.)

NOVIA.

¿Adónde me llevas?

LEONARDO.

Adonde no puedan ir
estos hombres que nos cercan.
¡Donde yo pueda mirarte!

NOVIA. *(Sarcástica.)*

Llévame de feria en feria,
dolor de mujer honrada,
a que las gentes me vean
con las sábanas de boda
al aire, como banderas.

LEONARDO.

También yo quiero dejarte
si pienso como se piensa.
Pero voy donde tú vas.
Tú también. Da un paso. Prueba.
Clavos de luna nos funden
mi cintura y tus caderas.

(Toda esta escena es violenta, llena de gran sensualidad.)

NOVIA.

¿Oyes?

LEONARDO.

Viene gente.

NOVIA.

¡Huye!
Es justo que yo aquí muera
con los pies dentro del agua
y espinas en la cabeza.

Y que me lloren las hojas,
mujer perdida y doncella.

LEONARDO.
Cállate. Ya suben.

NOVIA.
¡Vete!

LEONARDO.
Silencio. Que no nos sientan.
Tú delante. ¡Vamos, digo!

(Vacila la NOVIA.*)*

NOVIA.
¡Los dos juntos!

LEONARDO. *(Abrazándola.)*
¡Como quieras!
Si nos separan, será
porque esté muerto.

NOVIA.
Y yo muerta.

(Salen abrazados.)

(Aparece la LUNA *muy despacio. La escena adquiere una fuerte luz azul. Se oyen los dos violines. Bruscamente se oyen dos largos gritos desgarrados y se corta la música de los violines. Al segundo grito aparece la* MENDIGA *y se queda de espaldas. Abre el manto y queda en el centro como un gran pájaro de alas inmensas. La* LUNA *se detiene. El telón baja en medio de un silencio absoluto.)*

TELÓN

CUADRO ÚLTIMO

Habitación blanca con arcos y gruesos muros. A la derecha y a la izquierda escaleras blancas. Gran arco al fondo y pared del mismo color. El suelo será también de un blanco reluciente. Esta habitación simple tendrá un sentido monumental de iglesia. No habrá ni un gris, ni una sombra, ni siquiera lo preciso para la perspectiva.

(Dos MUCHACHAS *vestidas de azul oscuro están devanando*[48] *una madeja roja.)*

MUCHACHA 1.ª
Madeja, madeja,
¿qué quieres hacer?
MUCHACHA 2.ª
Jazmín de vestido,
cristal de papel.
Nacer a las cuatro,
morir a las diez.
Ser hilo de lana,
cadena a tus pies
y nudo que apriete
amargo laurel.
NIÑA. *(Cantando.)*
¿Fuisteis a la boda?
MUCHACHA 1.ª
No.

[48] Enrollar un hilo.

NIÑA.
¡Tampoco fui yo!
¿Qué pasaría
por los tallos de las viñas?
¿Qué pasaría
por el ramo de la oliva?
¿Qué pasó
que nadie volvió?
¿Fuisteis a la boda?
MUCHACHA 2.ª
Hemos dicho que no.
NIÑA. *(Yéndose.)*
¡Tampoco fui yo!
MUCHACHA 2.ª
Madeja, madeja,
¿qué quieres cantar?
MUCHACHA 1.ª
Heridas de cera,
dolor de arrayán[49].
Dormir la mañana,
de noche velar.
NIÑA. *(En la puerta.)*
El hilo tropieza
con el pedernal[50].
Los montes azules
lo dejan pasar.
Corre, corre, corre,
y al fin llegará

[49] Planta, mirto.
[50] Piedra que antiguamente se utilizaba para encender fuego.

a poner cuchillo
y a quitar el pan.

(Se va.)

MUCHACHA 2.ª
Madeja, madeja,
¿qué quieres decir?

MUCHACHA 1.ª
Amante sin habla.
Novio carmesí[51].
Por la orilla muda
tendidos los vi.

(Se detiene mirando la madeja.)

NIÑA. *(Asomándose a la puerta.)*
Corre, corre, corre,
el hilo hasta aquí.
Cubiertos de barro
los siento venir.
¡Cuerpos estirados,
paños de marfil!

(Se va.)

(Aparecen la MUJER *y la* SUEGRA *de* LEONARDO.
Llegan angustiadas.)

MUCHACHA 1.ª
¿Vienen ya?

---

51 Rojo vivo.

SUEGRA. *(Agria.)*
No sabemos.
MUCHACHA 2.ª
¿Qué contáis de la boda?
MUCHACHA 1.ª
Dime.
SUEGRA. *(Seca.)*
Nada.
MUJER.
Quiero volver para saberlo todo.
SUEGRA. *(Enérgica.)*
Tú, a tu casa.
Valiente y sola en tu casa.
A envejecer y a llorar.
Pero la puerta cerrada.
Nunca. Ni muerto ni vivo.
Clavaremos las ventanas.
Y vengan lluvias y noches
sobre las hierbas amargas.
MUJER.
¿Qué habrá pasado?
SUEGRA.
No importa.
Échate un velo en la cara.
Tus hijos son hijos tuyos
nada más. Sobre la cama
pon una cruz de ceniza
donde estuvo su almohada.

(Salen.)
MENDIGA. *(A la puerta.)*
Un pedazo de pan, muchachas.

NIÑA.
¡Vete!

(Las MUCHACHAS *se agrupan.)*

MENDIGA.
¿Por qué?

NIÑA.
Porque tú gimes: vete.

MUCHACHA 1.ª
¡Niña!

MENDIGA.
¡Pude pedir tus ojos! Una nube
de pájaros me sigue; ¿quieres uno?

NIÑA.
¡Yo me quiero marchar!

MUCHACHA 2.ª *(A la* MENDIGA.)
¡No le hagas caso!

MUCHACHA 1.ª
¿Vienes por el camino del arroyo?

MENDIGA.
¡Por allí vine!

MUCHACHA 1.ª *(Tímida.)*
¿Puedo preguntarte?

MENDIGA.
Yo los vi; pronto llegan: dos torrentes
quietos al fin entre las piedras grandes,
dos hombres en las patas del caballo.
Muertos en la hermosura de la noche.

(Con delectación[52]*.)*

[52] Disfrute, placer.

Muertos, sí, muertos.

MUCHACHA 1.ª

¡Calla, vieja, calla!

MENDIGA.

Flores rotas los ojos, y sus dientes
dos puñados de nieve endurecida.
Los dos cayeron, y la novia vuelve
teñida en sangre falda y cabellera.
Cubiertos con dos mantas ellos vienen
sobre los hombros de los mozos altos.
Así fue, nada más. Era lo justo.
Sobre la flor del oro, sucia arena.

(Se va. Las MUCHACHAS *inclinan las cabezas y rítmicamente van saliendo.)*

MUCHACHA 1.ª

Sucia arena.

MUCHACHA 2.ª

Sobre la flor del oro.

NIÑA.

Sobre la flor del oro
traen a los muertos del arroyo.
Morenito el uno,
morenito el otro.
¡Qué ruiseñor de sombra vuela y gime
sobre la flor del oro!

(Se va. Queda la escena sola. Aparece la MADRE *con una* VECINA. *La* VECINA *viene llorando.)*

MADRE. Calla.

VECINA. No puedo.

MADRE. Calla he dicho. *(En la puerta.)* ¿No hay nadie aquí? *(Se lleva las manos a la frente.)* Debía contestarme mi hijo. Pero mi hijo es ya un brazado de flores secas. Mi hijo es ya una voz oscura detrás de los montes. *(Con rabia a la* VECINA.) ¿Te quieres callar? No quiero llantos en esta casa. Vuestras lágrimas son lágrimas de los ojos nada más, y las mías vendrán cuando yo esté sola, de las plantas de mis pies, de mis raíces, y serán más ardientes que la sangre.

VECINA. Vente a mi casa; no te quedes aquí.

MADRE. Aquí. Aquí quiero estar. Y tranquila. Ya todos están muertos. A medianoche dormiré, dormiré sin que ya me aterren las escopetas o el cuchillo. Otras madres se asomarán a las ventanas, azotadas por la lluvia, para ver el rostro de sus hijos. Yo no. Yo haré con mi sueño una fría paloma de marfil que lleve camelias[53] de escarcha sobre el camposanto[54]. Pero no; camposanto no, camposanto no: lecho de tierra, cama que los cobija y que los mece por el cielo. *(Entra una mujer de negro que se dirige a la derecha, allí se arrodilla. A la* VECINA.) Quítate las manos de la cara. Hemos de pasar días terribles. No quiero ver a nadie. La tierra y yo. Mi llanto y yo. Y estas cuatro paredes. ¡Ay! ¡Ay! *(Se sienta transida.)*

VECINA. Ten caridad de ti misma.

MADRE. *(Echándose el pelo hacia atrás.)* He de estar serena. *(Se sienta.)* Porque vendrán las vecinas y no quiero que me vean tan pobre. ¡Tan pobre! Una mujer que no tiene un hijo siquiera que poderse llevar a los labios.

(Aparece la NOVIA. *Viene sin azahar y con un manto negro.)*

---

53 Flor.

54 Cementerio.

VECINA. *(Viendo a la* NOVIA *con rabia.)* ¿Dónde vas?

NOVIA. Aquí vengo.

MADRE. *(A la* VECINA.) ¿Quién es?

VECINA. ¿No la reconoces?

MADRE. Por eso pregunto quién es. Porque tengo que no reconocerla para no clavarle mis dientes en el cuello. ¡Víbora! *(Se dirige hacia la* NOVIA *con ademán fulminante; se detiene. A la* VECINA.) ¿La ves? Está ahí y está llorando, y yo quieta sin arrancarle los ojos. No me entiendo. ¿Será que yo no quería a mi hijo? Pero ¿y su honra? ¿Dónde está su honra? *(Golpea a la* NOVIA. *Esta cae al suelo.)*

VECINA. ¡Por Dios! *(Trata de separarlas.)*

NOVIA. *(A la* VECINA.) Déjala; he venido para que me mate y que me lleven con ellos. *(A la* MADRE). Pero no con las manos; con garfios de alambre, con una hoz, y con fuerza, hasta que se rompa en mis huesos. ¡Déjala! Que quiero que sepa que yo soy limpia, que estaré loca, pero que me pueden enterrar sin que ningún hombre se haya mirado en la blancura de mis pechos.

MADRE. Calla, calla; ¿qué me importa eso a mí?

NOVIA. ¡Porque yo me fui con el otro, me fui! *(Con angustia.)* Tú también te hubieras ido. Yo era una mujer quemada, llena de llagas por dentro y por fuera, y tu hijo era un poquito de agua de la que yo esperaba hijos, tierra, salud; pero el otro era un río oscuro, lleno de ramas, que acercaba a mí el rumor de sus juncos y su cantar entre dientes. Y yo corría con tu hijo que era como un niñito de agua fría y el otro me mandaba cientos de pájaros que me impedían el andar y que dejaban escarcha sobre mis heridas de pobre mujer marchita, de muchacha acariciada por el fuego. Yo no quería, ¡óyelo bien!, yo no quería. ¡Tu hijo era mi fin y yo no lo he engañado, pero el brazo del otro me arrastró como un golpe de mar, como la cabezada de un mulo, y me hubiera arrastrado siempre, siempre, aunque hubiera sido vieja y todos los hijos de tu hijo me hubiesen agarrado de los cabellos. *(Entra una vecina.)*

MADRE. Ella no tiene la culpa, ¡ni yo! *(Sarcástica.)* ¿Quién la tiene, pues? ¡Floja, delicada, mujer de mal dormir es quien tira una corona de azahar para buscar un pedazo de cama calentado por otra mujer!

NOVIA. ¡Calla, calla! Véngate de mí; ¡aquí estoy! Mira que mi cuello es blando; te costará menos trabajo que segar una dalia de tu huerto. Pero ¡eso no! Honrada, honrada como una niña recién nacida. Y fuerte para demostrártelo. Enciende la lumbre. Vamos a meter las manos: tú, por tu hijo; yo, por mi cuerpo. Las retirarás antes tú. *(Entra otra vecina.)*

MADRE. Pero ¿qué me importa a mí tu honradez? ¿Qué me importa tu muerte? ¿Qué me importa a mí nada de nada? Benditos sean los trigos, porque mis hijos están debajo de ellos; bendita sea la lluvia, porque moja la cara de los muertos. Bendito sea Dios, que nos tiende juntos para descansar. *(Entra otra vecina.)*

NOVIA. Déjame llorar contigo.

MADRE. Llora. Pero en la puerta.

(Entra la NIÑA. *La* NOVIA *queda en la puerta. La* MADRE, *en el centro de la escena.)*

MUJER. *(Entrando y dirigiéndose a la izquierda.)*
Era hermoso jinete,
y ahora montón de nieve.
Corrió ferias y montes
y brazos de mujeres.
Ahora, musgo de noche
le corona la frente.

MADRE.
Girasol de tu madre,

espejo de la tierra.
Que te pongan al pecho
cruz de amargas adelfas[55];
sábana que te cubra
de reluciente seda,
y el agua forme un llanto
entre tus manos quietas.

MUJER.
¡Ay, que cuatro muchachos
llegan con hombros cansados!

NOVIA.
¡Ay, que cuatro galanes
traen a la muerte por el aire!

MADRE.
Vecinas.

NIÑA. *(En la puerta.)*
Ya los traen.

MADRE.
Es lo mismo,
la cruz, la cruz.

MUJERES.
Dulces clavos,
dulce cruz,
dulce nombre
de Jesús.

MADRE.
Que la cruz ampare a muertos y vivos.
Vecinas, con un cuchillo,
con un cuchillito,
en un día señalado, entre las dos y las tres,

---

55 Flor de arbusto venenoso.

se mataron los dos hombres del amor.
Con un cuchillo,
con un cuchillito
que apenas cabe en la mano,
pero que penetra fino
por las carnes asombradas,
y que se para en el sitio
donde tiembla enmarañada
la oscura raíz del grito.

NOVIA.
Y esto es un cuchillo,
un cuchillito
que apenas cabe en la mano;
pez sin escamas ni río,
para que en un día señalado, entre las dos y las tres,
con este cuchillo
se queden dos hombres duros
con los labios amarillos.

MADRE.
Y apenas cabe en la mano,
pero que penetra frío
por las carnes asombradas
y allí se para, en el sitio
donde tiembla enmarañada
la oscura raíz del grito.

(Las VECINAS, *arrodilladas en el suelo, lloran.)*

TELÓN

FIN DEL DRAMA

DESPUÉS DE LA LECTURA

Para profundizar en la obra

1. Después de haber leído atentamente el prólogo, indica si estas afirmaciones son verdaderas (V) o falsas (F):

a) El esperpento es una técnica basada en la deformación grotesca de la realidad.
b) Su amigo Dalí diseñó los decorados del estreno de Mariana Pineda.
c) Recientemente se han encontrado los restos mortales de Lorca.
d) Los elementos simbólicos son muy frecuentes en la obra, sobre todo en el primer acto.
e) La muerte es uno de los temas casi obsesivos tanto en su poesía como en el teatro.
f) El estreno de *Bodas de sangre* fue un aclamado éxito de público y de crítica.

2. Te proponemos un sencillo «Pasapalabra» sobre la vida de Lorca.

A. Comunidad autónoma del autor:
B. Compañía fundada por Lorca:
C. Poeta coetáneo:
D. Pintor surrealista amigo del dramaturgo:
E. Huida por motivos políticos:
F. Localidad donde nació Lorca:
G. Provincia de esa localidad:
H. Poeta de la generación del 27:
I. Torero al que le dedica una elegía:
J. Tipo de cante:
L. Símbolo de la muerte:

M. Uno de los temas fundamentales:
N. Ciudad a la que dedica un poemario:
O. Relativo al sueño:
P. Pintor amigo del poeta:
Q. Recurso literario:
R. Lugar donde vivió en Madrid:
S. Poemas publicados póstumamente:
T. Género dramático de Bodas de sangre:
U. Movimiento de vanguardia:
V. Nombre de la madre del poeta:
X. Actriz que protagonizó varias obras de Lorca:
Y. Título de una de las tragedias:
Z. Título de una de sus farsas:

3. Preguntas de comprensión:

Acto primero

1. ¿Por qué la madre le pide a su hijo que no lleve navaja?
2. ¿Qué ilusión alberga la madre de este matrimonio?
3. ¿Cómo es la relación entre Leonardo y su mujer?
4. ¿Qué día de la semana es la pedida de mano? ¿Qué día será la boda? ¿Por qué?
5. ¿Qué cualidades poseen los novios, según sus padres?
6. ¿Qué definición da la madre del matrimonio? ¿Cuál es tu opinión personal?

Acto segundo

7. ¿Qué es el matrimonio para la criada? ¿Qué diferencias encuentras con la definición de la madre?
8. ¿Qué peculiaridad presenta el vestido de la novia? ¿Qué puede presagiar?
9. En el segundo cuadro, la madre y el padre explican qué esperan de este enlace. Especifícalo y apunta las diferencias.
10. ¿Qué le piden las muchachas a la novia? Busca esta tradición y explica algunas costumbres que perduran hoy en día.
11. ¿Qué consejos le da la madre a su hijo?

Acto tercero

12. ¿Qué diferencias encuentras entre este decorado y los anteriores?
13. ¿Qué busca la Luna? ¿Qué simboliza en el universo de Lorca? ¿Cómo se describe la mendiga? ¿Qué representa?
14. ¿Qué poder sobrenatural tiene el novio? ¿En qué consiste?
15. La huida de los amantes ¿es un rapto o un acto consentido y consensuado? Razona tu respuesta.

Cuadro último

16. ¿Qué castigo social le espera a la mujer de Leonardo?
17. La novia insiste en que nunca perdió la honra. Explica la importancia social de este concepto.
18. En el final de la obra, la madre y la novia parecen dejar atrás su rivalidad. ¿Cómo se manifiesta? Fíjate en los poemas que entonan ambas. ¿A qué elemento aluden? Explica el papel que desempeña en toda la obra.

4. Señala el recurso literario de cada frase:

a) «Yo haré lucir al caballo / una fiebre de diamante».
b) «Me duele hasta la punta de las venas».
c) «Déjelo. Comeré uvas. Deme la navaja».
d) «No sé cómo te atreves a llevar una navaja en tu cuerpo,/ni cómo yo dejo a la serpiente dentro del arcón».
e) «¿Me puede alguien traer a tu padre?».
f) «Vieja, revieja, requetevieja».
g) «Los hombres, hombres; el trigo, trigo».
h) «Le relucía la cara como a un santo».
i) «La plata, que brilla tanto, escupe algunas veces».
j) «Cierra la ventana/ con ramas de sueño/ y sueños de rama».

5. *Bodas de sangre* está inspirada en una noticia aparecida en la prensa sobre el fatídico enlace entre Francisca y Casimiro, que tuvo lugar en Almería. Lee atentamente el suceso y redacta un breve relato a partir de estas líneas:

En las inmediaciones de un cortijo de Níjar se ha perpetrado un crimen en circunstancias misteriosas. Para la mañana de ayer se había concertado la boda de una hija del cortijero, joven de veinte años. En la casa se hallaban esperando la hora de la ceremonia el novio y numerosos invitados. Como la hora se acercaba y la novia no llegaba ni aparecía por la casa, los invitados se retiraron contrariados. Uno de estos encontró a una distancia de ocho kilómetros del cortijo el cadáver ensangrentado de un primo de la novia que iba a casarse, apellidado Montes Ocaña, de treinta y cuatro años. A las voces de auxilio del que hizo el hallazgo, acudieron numerosas personas que regresaban de la cortijada y la Guardia Civil, que logró dar con la novia, que se hallaba oculta en un lugar próximo al que estaba el cadáver, y con las ropas desgarradas. Detenida la novia, manifestó que había huido en unión de su primo para burlar al novio. La fuga la emprendieron en una caballería, y al llegar al lugar del crimen les dio al encuentro un enmascarado, que hizo cuatro disparos, produciendo la muerte de Montes Ocaña. También fue detenido el novio, quien niega toda participación en el crimen, que hasta ahora parece envuelto en el mayor misterio.

ABC, 25 de julio de 1928

6. Aparte de poeta y dramaturgo, Lorca fue un magnífico y prolífico conferenciante que dio charlas y entrevistas por toda la geografía. Sus declaraciones son testimonios directos de lo que pensaba del teatro y de su obra. A partir de estas citaciones, elabora un pequeño texto que resuma estas ideas:

a) «Ante todo es necesario comprender por qué el teatro está en decadencia. El teatro, para volver a adquirir su fuerza, debe volver al pueblo, del que se ha apartado. El teatro es, además, cosa de poetas. Sin sentido trágico no hay teatro, y del teatro de hoy está ausente el sentido trágico. El pueblo sabe mucho de eso».

b) «En escribir tardo mucho. Me paso tres y cuatro años pensando una obra de teatro y luego la escribo en quince días. Cinco años tardé en hacer *Bodas de sangre,* tres invertí en *Yerma.* De la realidad son fruto las dos obras. Reales son sus figuras; rigurosamente auténtico el tema de cada uno de ellas. Primero, notas, observaciones tomadas de la vida misma, del periódico a veces...».

c) «Amo a la tierra. Me siento ligado a ella en todas mis emociones. Mis más lejanos recuerdos de niño tienen un sabor de tierra. La tierra, el campo, han hecho grandes cosas en mi vida. De lo contrario, no hubiera podido escribir *Bodas de sangre*».

d) «El teatro es la poesía que se levanta del libro y se hace humana. Y al hacerse, habla y grita, llora y se desespera. El teatro necesita que los personajes que aparezcan en la escena lleven un traje de poesía y al mismo tiempo que se les vean los huesos, la sangre».

7. El uso del verso en esta obra es uno de tantos aciertos estilísticos del dramaturgo/poeta. Lee con atención el poema puesto en boca de la mendiga y contesta después las preguntas.

Flores rotas los ojos y sus dientes.
Dos puñados de nieve endurecida.
Los dos cayeron, y la novia vuelve
teñida en sangre falda y cabellera.
Cubiertos con dos mantas ellos vienen
sobre los hombros de los mozos altos.
Así fue; nada más. Era lo justo.
Sobre la flor del oro, sucia arena.

a) Analiza métricamente el poema. ¿De qué estrofa se trata? ¿Cuánto miden sus versos? ¿Qué rima tiene? ¿Cómo se llaman?

b) Localiza los siguientes recursos: antítesis, asíndeton, elipsis, encabalgamiento y metáfora.

c) ¿Con qué finalidad Lorca utiliza el verso? ¿Por qué hace hablar así a la mendiga? ¿Te parece apropiado? Razona tu respuesta.

8. *Bodas de sangre* guarda ciertos paralelismos con *Romeo y Julieta* aunque disten entre ambas más de trescientos años. Explica qué tienen en común y en qué se diferencian estas dos tragedias.

9. Después de la lectura, y solo entonces, intenta visionar la película *La novia* de Paula Ortiz, galardonada con cuatro premios Goya.

a) Como adaptación cinematográfica, la directora se permite algunas licencias que no se corresponden con la versión teatral. Indica algunos ejemplos relacionados con el orden temporal, rodaje de exteriores, anacronismos etc.

b) La obra es de una potente riqueza visual. Elige tres fotogramas o escenas que te hayan impactado y descríbelos brevemente con tus palabras.

c) La directora utiliza algunos elementos visuales, igual que Lorca, para subrayar la tensión en algunas escenas. Indica y explica alguno de ellos.

d) Redacta un texto argumentado de unas doscientas palabras en el que expreses tu opinión sobre la obra teatral y su adaptación cinematográfica.

Hacia una teología feminista